Hans-Werner Sinn
*Die Basar-Ökonomie*

Hans-Werner Sinn

# *Die Basar-Ökonomie*

Deutschland: Exportweltmeister
oder Schlusslicht?

Econ

Econ ist ein Verlag der Ullstein Buchverlage GmbH

ISBN-13: 978-3-430-18536-X
ISBN-10: 3-430-18536-3

© Ullstein Buchverlage GmbH, Berlin 2005
Alle Rechte vorbehalten.
Gesetzt aus der Janson Willberg
bei Franzis print & media GmbH, München
Druck und Bindung: Clausen & Bosse, Leck
Printed in Germany

*Für **Angela Merkel***
*die behauptet, es gebe kein Erkenntnisproblem,*
*und **Oskar Lafontaine**,*
*der meint, er habe es gelöst.*

# INHALT

# Vorbemerkung

Dieses Buch ist eine Reaktion auf die intensive Diskussion, die sich um mein Buch »*Ist Deutschland noch zu retten?*« entsponnen hat. Es enthält weiterführende Gedanken zu der Frage, wie gut es Deutschland gelingt, sich in der Zeit der raschen Globalisierung der Wirtschaft zu behaupten. Dabei ist der Begriff der Basar-Ökonomie nur der Aufhänger für die Erörterung der tief liegenden Strukturprobleme unseres Landes.

Den Begriff »Basar-Ökonomie«, der mittlerweile zu einem geflügelten Wort geworden ist, habe ich das erste Mal am 15. November 2003 in meiner *Deutschland-Rede*[1] bei der Stiftung Schloss Neuhardenberg verwendet, und er tauchte ab der dritten Auflage auch in meinem Buch auf. Die Diskussion um den Begriff reißt nicht ab, und vor allem häufen sich die kritischen Stellungnahmen von Forschern, die zeigen wollen, dass sich Deutschland nicht zur Basar-Ökonomie entwickelt.

Ich fasse in diesem Buch die bislang bekannt gewordenen Fakten zur Basar-Hypothese zusammen und zeige, dass es Deutschland wegen seiner vermachteten Arbeitsmärkte und seines falsch konstruierten Sozialsystems nicht gelingt, die Globalisierungsgewinne früherer Jahre weiter auszubauen, denen es bis zum heutigen Tage seinen Wohlstand maßgeblich verdankt.

Ich antworte bei der Gelegenheit auch meinen expliziten und impliziten Kritikern, denn der Dialog mit ihnen hilft, das Problembewusstsein zu schärfen und Fehleinschätzungen aufzudecken. Zur langen Liste derer, die die Basar-Hypothese kritisieren, gehören die *Financial Times Deutschland*, das Bundesministerium der Finanzen, das Bundesministerium für Wirtschaft und Arbeit, das Deutsche Institut für Wirtschaftsforschung (DIW) und verschiedene keynesianisch orientierte Ökonomen. Die Auseinandersetzung mit ihnen halte ich für wichtig, denn erst wenn die deutschen Probleme richtig diagnostiziert werden, kann dem Land eine wirksame Therapie verschrieben werden. Ich behaupte, dass meine Kritiker und große Teile der intellektuellen Elite unseres Landes die Natur der wirtschaftlichen Reaktionen Deutschlands auf die Kräfte der Globalisierung noch nicht verstanden haben. Das zeigt sich insbesondere daran, wie sie den Außenhandelsüberschuss und die (angebliche) Exportweltmeisterschaft interpretieren.

Ich unternehme nicht den Versuch, den Begriff der Basar-Ökonomie als solchen zu verteidigen, den manche als zu negativ empfinden.[2] Über Definitionen kann man endlos streiten, aber wer den Begriff einführt, darf ihn auch definieren. Angebliche Gegenbeweise, die sich ganz anderer Definitionen bedienen, sind dabei wenig erhellend. Die Verballhornung der Basar-Hypothese, die einige meiner Kritiker vornehmen, ist schon abenteuerlich. Besonders absurd ist die mir unterstellte Behauptung, als Folge der Spezialisierung auf Basar-Tätigkeiten würde ich den Rückgang (!) der Wertschöpfung in den Exportbasaren prognostizieren. Mir geht es nicht um Begriffe, sondern nur um Fakten und ihre Bewertung aus volkswirtschaftlicher Sicht. Natürlich ist, wie ich immer betont habe, der Begriff der Basar-Ökonomie eine Karikatur, und natürlich ist Deutschland heute noch keine Basar-Ökonomie. Aber die Reise geht, wenn auch langsam, so doch stetig in diese Richtung. Ob sie gut oder schlecht ausgeht, wird sich erweisen.

Ich habe Gelegenheit gehabt, eine Kurzfassung dieses Textes, die im ifo Schnelldienst erschien, mit einer Reihe fachkundiger Spezialisten zu diskutieren.[3] Zu ihnen gehören Sascha Becker, Peter Bernholz, Gebhard Flaig, Martin Hellwig, Herbert Henzler, Helmut Hesse, Reinhard Hild, Robert Koll, Wolfgang Meister, Karlhans Sauernheimer, Tobias Seidel, Frank Westermann und die Mitglieder des Außenwirtschaftlichen Ausschusses des Vereins für Socialpolitik, der Fachvereinigung der deutschen Ökonomen. Ihnen allen danke ich herzlich für nützliche Kommentare und Kritik. Silvie Horch vom Econ-Verlag danke ich für ein sorgfältiges Lektorat, und den ifo-Mitarbeitern Barbara Hebele, Reinhard Hild, Marga Jennewein, Robert Koll, Wolfgang Meister und Elsita Walter danke ich für eine sorgfältige Forschungs- und Redaktionsassistenz. Die Strukturierung eines noch diffusen geschichtlichen Phänomens und seine Erhellung durch konkrete Zahlen erwiesen sich in diesem Buch als Herausforderung besonderer Art.

Hans-Werner Sinn
München, im August 2005

# I.

# Das deutsche Rätsel

Als Oskar Lafontaine im Juli 2005 in einer groß aufgemachten Sondersendung der ARD gefragt wurde, ob er nicht auch glaube, dass Deutschland wegen seiner hohen Lohnkosten Schwierigkeiten habe, mit der Globalisierung zurechtzukommen, antwortete er, ein solches Problem könne er nicht erkennen, solange Deutschland Exportweltmeister sei. Die Exporterfolge bewiesen, dass die Lohnkosten kleiner als die Wertschöpfung seien, und deshalb müsse die Ursache für Deutschlands Problem anderswo liegen. Das Argument saß. Es genügte der 30-Sekunden-Logik des Fernsehens.

Lafontaines Antwort ist symptomatisch, denn man hört sie nicht nur von der neuen Linken. Sie ist das Standardargument derer, die marktwirtschaftliche Reformen ablehnen und sie als neoliberalen Versuch interpretieren, das Rad der Geschichte zurückzudrehen und den Deutschen ihre mühsam erstrittenen sozialen Errungenschaften wieder abspenstig zu machen.

Dennoch ist die Antwort falsch. Warum sie falsch ist, ist freilich auch den liberaleren Kräften des Landes, die die Reformen wollen, nicht klar. Nicht einmal die im täglichen Wirtschaftsleben agierenden Unternehmer können hier kontern. Deutschland hat ein Erkenntnisproblem. Auch Angela Merkel irrt, wenn sie ein Erkenntnisproblem

bestreitet und behauptet, wir hätten nur ein Umsetzungs-
problem. Jeder spürt, dass das Land in einer Krise steckt.
Die Globalisierung macht vielen Angst, aber dennoch
scheinen die Exportdaten zu belegen, dass wir mit der
Globalisierung prächtig zurechtkommen. Die Deutschen
sind verwirrt, und diese Verwirrung ist verständlich.
Schauen wir auf die Fakten.

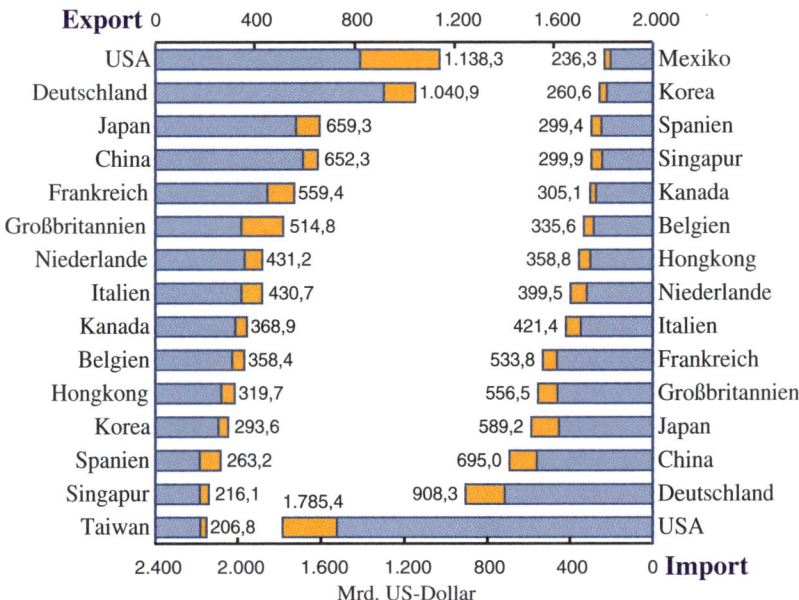

Exportvolumen und Importvolumen 2004

der 15 export- und importstärksten Länder,
Waren[1] (blau) und Dienstleistungen (gelb)

1) Free on board.

Quelle: WTO, Press Release: World Trade Report 2005.

ABBILDUNG 1.1

Abbildung 1.1 zeigt, wie Oskar Lafontaine behauptet,
dass Deutschland bei den Exporten und Importen weltweit
ganz vorne liegt. Wir sind zwar nicht die Nummer eins,
sondern die Nummer zwei. Ganz vorne liegen wir nur,

wenn man von den Exporten die Dienstleistungsexporte abzieht und nur die Gruppe der reinen Warenexporte betrachtet. Also nur, wenn man die Verkäufe von Software-Firmen wie der kalifornischen Firma Microsoft oder der deutschen Firma SAP und andere Dienstleistungen unberücksichtigt lässt, liegen wir um eine Nasenlänge vor den USA. Dennoch ist das Ergebnis beeindruckend. Beim Export sind wir immer noch sehr stark, auch wenn wir die Weltmarktanteile von einst nicht verteidigen konnten.[4] Andererseits haben wir eine miserable Wachstumsperformance, wie in Abbildung 1.2 zu sehen ist. Unter allen EU-Ländern ist Deutschland in den letzten zehn Jahren am langsamsten gewachsen. Die Abbildung erfasst der Übersichtlichkeit halber zwar nicht alle EU-Länder, aber dennoch stimmt diese Aussage auch dann, wenn man alle EU-Länder berücksichtigt. Die Zeiten des Wirtschaftswunders, als wir die Lokomotive der europäischen Wirtschaft waren, sind lange vorbei. Heute streiten wir uns mit Italien, das noch ein klitzekleines bisschen besser ist, um den letzten Platz.

Das schlechte Wachstum liegt nicht nur, wie manchmal behauptet wird, an der schlechten Performance der neuen Bundesländer. Wie die Abbildung zeigt, war sogar Westdeutschland für sich genommen Schlusslicht unter den EU-Ländern. Es liegt auch nicht daran, dass Deutschland bei der Höhe seines Pro-Kopf-Einkommens schon da ist, wo die anderen erst noch hinwollen, wie Franz Müntefering meint, dass wir uns also ausruhen können, weil wir schon an der Spitze sind. Deutschland wurde in den letzten Jahren nämlich bereits von Ländern wie Großbritannien, Frankreich, den Niederlanden, Irland oder Österreich überholt, und dennoch wächst es langsamer als diese Länder. Nein, wie man es dreht und wendet: Deutschland hat ernsthafte Probleme.

## Bruttoinlandsprodukt in ausgewählten europäischen Ländern

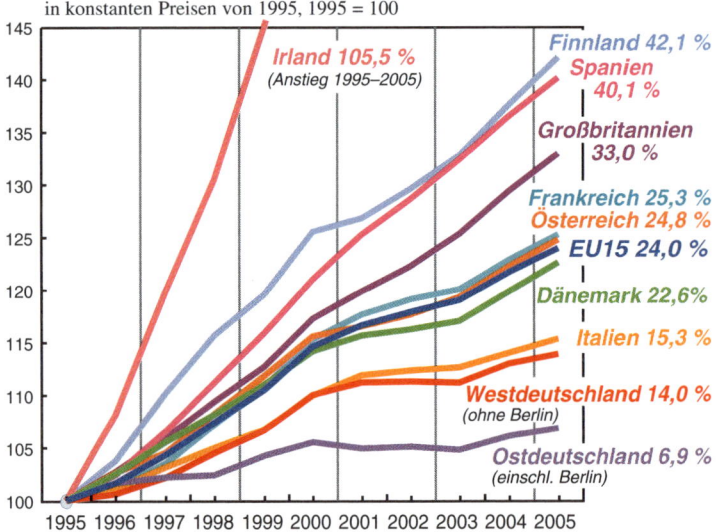

in konstanten Preisen von 1995, 1995 = 100

Irland 105,5 %
(Anstieg 1995–2005)

Finnland 42,1 %
Spanien
40,1 %

Großbritannien
33,0 %

Frankreich 25,3 %
Österreich 24,8 %
EU15 24,0 %

Dänemark 22,6%

Italien 15,3 %

Westdeutschland 14,0 %
(ohne Berlin)

Ostdeutschland 6,9 %
(einschl. Berlin)

1995 1996 1997 1998 1999 2000 2001 2002 2003 2004 2005

Quelle: Eurostat, 2005: Schätzungen der Europäischen Kommission; Westdeutschland und Ostdeutschland: Arbeitskreis Volkswirtschaftliche Gesamtrechnungen der Länder, April 2005; 2005: Schätzungen des ifo Instituts (Juni 2005); Berechnungen des ifo Instituts.

ABBILDUNG 1.2

Die Probleme sind jedem aufmerksamen Beobachter auch ohne die Graphik klar. Die Horror-Meldungen zur deutschen Arbeitslosigkeit vom Januar und Februar 2005 sind uns allen noch in frischer Erinnerung. Die Arbeitslosigkeit lag auf dem weitaus höchsten Niveau der Nachkriegszeit, selbst wenn man die offiziellen Zahlen um Sondereffekte wegen der Hartz-IV-Reform bereinigt. Wenn immer mehr Menschen aufhören, einen Beitrag zum Sozialprodukt zu leisten, kann das Wachstum nicht toll sein.

Und der Schock über die sich in letzter Zeit überstürzenden Nachrichten zu den Schwierigkeiten der deutschen Wirtschaft ist noch nicht überwunden. Da sind nicht nur die schlechten Jahresergebnisse von VW und Mercedes, den Stützen der deutschen Industrie, oder die Nachricht, dass Siemens seine Handy-Produktion aufgibt. Da ist nicht nur der Verkauf der HypoVereinsbank, Deutschlands zweitgrößter Bank, an die italienische Uni-Credito. Wie viele Firmen innerhalb der letzten drei Jahre in Deutschland durch wirtschaftliche Schwierigkeiten verloren gingen, ist schon atemberaubend. Die einst als High-Tech-Firma bejubelte Schneider AG musste genauso dicht machen wie Grundig, das Kind des deutschen Wirtschaftswunders. Fairchild-Dornier schickt keine Flugzeuge mehr in den Himmel, die Maxhütte erzeugt keinen Stahl mehr, der CargoLifter hat einem Tropenparadies Platz machen müssen, und auch die Kirch AG und die Walter-Bau AG, eine der größten Baufirmen Deutschlands, mussten Insolvenz anmelden. Karstadt-Quelle ist noch nicht ganz so weit, muss aber 6000 Stellen abbauen, und der weltweit renommierte Armaturenhersteller Grohe wird nach seinem Ausverkauf an eine *Private-Equity*-Firma sukzessive ins Ausland verlagert. Die Deutsche Börse ist fest in englischer Hand, Löwenbräu ist jetzt ein belgisches Bier, und selbst für AEG scheint nach der Übernahme durch die schwedische Firma Elektrolux das letzte Stündlein geschlagen zu haben. Aber das sind nur die bekannteren Fälle. Weitaus stärker ins Gewicht fallen die Tausenden von unbekannten mittelständischen Firmen, die geschlossen oder verlagert wurden und nun keine Arbeitsplätze mehr zur Verfügung stellen können. Rund 2700 monatliche Insolvenzen gibt es allein in Westdeutschland (einschließlich Berlin). Das sind mehr als dreimal so viele wie Anfang der neunziger Jahre und nahezu fünfmal so viele wie vor 30 Jahren. Da schmiert etwas ab, was so schnell nicht mehr wiederkommt. Der Prozess ist wahrlich beängstigend.

Nicht nur Oskar Lafontaine misslingt es, sich einen passenden Reim auf diese divergierenden Wirtschaftsnachrichten zu machen. Auch die Volkswirte der Republik stehen vor einem Rätsel. Auch sie sind sich nicht einig, wie das Nebeneinander von Exportboom und Wirtschaftskrise zu erklären ist.

Viele sehen den Boom der Exporte als Beleg für die Wettbewerbsfähigkeit der deutschen Wirtschaft samt ihrer Arbeitnehmer und führen die Wachstumsschwäche auf eine »fehlende Binnennachfrage« oder eine »schwache Binnenkonjunktur« zurück, die sie nicht durch außenwirtschaftliche Kräfte verursacht sehen. Mit seinem Gutachten »Erfolge im Ausland – Herausforderungen im Inland« macht sich der als »Die fünf Wirtschaftsweisen« bekannte Sachverständigenrat für die Begutachtung der gesamtwirtschaftlichen Entwicklung zum Protagonisten dieser Sichtweise.[5] Manche, freilich nicht die Mehrheit des Rates, fordern sogar staatliche Maßnahmen zur Stützung der Binnenkonjunktur.

Dieses Buch entwickelt eine andere Sicht der Dinge. Exportboom und innere Wachstumsschwäche sind keine getrennten Ereignisse, sondern ökonomisch eng zusammenpassende Teile eines Entwicklungsprozesses, bei dem sich die Wettbewerbsfähigkeit der Firmen und die Wettbewerbsfähigkeit der Arbeitnehmer voneinander loslösen, weil Letztere den Sozialstaat, Erstere aber Niedriglöhner aus aller Welt als Option vor Augen haben.

Viele deutsche Firmen, die dem Standort treu bleiben, werden zwischen der Konkurrenz des deutschen Sozialstaats auf dem Arbeitsmarkt und der Niedriglohnkonkurrenz auf den internationalen Absatzmärkten zerrieben. Doch wer clever ist, überlebt, indem er sich auf die kapitalintensiven Endstufen der Produktion spezialisiert und vorgelagerte Teile seiner Wertschöpfungskette in Niedriglohnländer verlagert. Dies ist es, was ich als Basar-Effekt bezeichne. Oder er kann zumindest sein Kapital retten, indem er Ersatzinvestitionen in arbeitsintensive Produktionsprozesse unterlässt und sich stattdessen in den kapitalintensiven Exportsektoren engagiert, wo die Lohnkosten eine vergleichsweise geringe Rolle spielen. Beides führt zu hohen Exporten. Doch es entsteht immer mehr Arbeitslosigkeit mit offenkundigen Konsequenzen für das wirtschaftliche Wachstum. Der Exportboom könnte eine Art Supernova sein, der dem Sterben des Sterns vorausgeht. Kapitel 11 und 12 werden diesen Sachverhalt näher beleuchten. Mit meiner Theorie des pathologischen Booms der exportinduzierten Wertschöpfung, der durch das hohe deutsche Lohnniveau getrieben ist, versuche ich, einen Beitrag zur Lösung des deutschen Rätsels zu bieten.

Das zentrale Problem ist und bleibt das Niveau der deutschen Lohnkosten, so unangenehm es allen Beteiligten ist und so groß der Bogen ist, den erfolgreiche Politiker um dieses Thema machen müssen. Kaum jemand will das Problem wahrhaben. Die Bürger verdrängen es und greifen deshalb nur allzu gerne nach dem Strohhalm, den populistische Politiker bieten. Kein Wunder, dass die Bewahrer des alten Sozialstaats so viel Zulauf finden und dass der Applaus umso größer ist, je platter die Argumente sind.

Absonderlich ist es freilich, dass gerade die Linken glauben, die ökonomischen Gesetze des Kapitalismus ließen sich durch Wunschdenken überwinden. Das hatte Marx stets von sich gewiesen, und genau deshalb wollte er ja die Revolution. Linke Politiker und Journalisten fabulieren vom Primat der Politik und halten die politische Macht für stärker als die ökonomischen Gesetze, nach denen die Integration der Weltwirtschaft vonstatten geht. Aber die Erfahrung bietet für eine solche Hoffnung kaum

eine Basis. Eugen von Böhm-Bawerk, der große österrei-
chische Nationalökonom und Finanzminister, hat schon
1914 darauf hingewiesen, dass die politische Macht nicht
gegen die, sondern immer nur innerhalb der ökonomischen Wert-, Preis- und Verteilungsgesetze wirkt und sie
nicht aufheben, sondern nur bestätigen und erfüllen
kann.[6] Wenn ein Land sich gegen die internationale
Lohnkonkurrenz stemmt, indem es Löhne verteidigt, die
nicht mehr marktgerecht sind, erzeugt es zwangsläufig
immer mehr Arbeitslosigkeit und macht die Lage für die
Arbeitnehmer eher noch schlimmer.

In dieser schwierigen Lage ist es außerordentlich wichtig, dass die Politik die Zeichen der Zeit richtig interpretiert, denn nur dann ist sie in der Lage, sinnvoll zu reagieren und das Land für den verschärften internationalen
Wettbewerb, den wir Globalisierung nennen, fit zu
machen. Gute Politik setzt Erkenntnis voraus, und deshalb
muss sie sich mit der Lösung des deutschen Rätsels be-
fassen.

# 2.
## Haben wir ein Konjunktur- oder Kostenproblem?

Verwirrung stiften nicht nur die scheinbar widersprüchlichen Fakten der deutschen Wirtschaftsentwicklung, sondern auch die Interpretationen der Ökonomen. Die bösen »Neoliberalen«, die dem Sozialstaat ans Leder wollen, stehen den guten »Keynesianern« gegenüber, die das Gesetz der Knappheit durch staatliche Schuldenprogramme auflösen wollen. Die einen behaupten, Deutschland habe ein Lohnkostenproblem, und die anderen argumentieren, Deutschland leide an einem Konjunkturproblem, das auf ein Defizit an gesamtwirtschaftlicher Nachfrage zurückzuführen sei. Die einen werben für Lohnmäßigung, um den Standort attraktiver zu machen, die anderen für schuldenfinanzierte Ausgabenprogramme, ja sogar Lohnerhöhungen, um die Konsumnachfrage zu stimulieren.

Ausländische Volkswirte reagieren verwundert über diese Konfrontation. Die Gleichgewichtigkeit dieser beiden Denkschulen im öffentlichen Bewusstsein können sie nicht nachvollziehen, weil es weltweit nur noch eine verschwindende Minderheit von Volkswirten gibt, die Deutschlands Probleme konjunkturell erklären würden. Der exzessive Keynesianismus, der sich in Deutschland in Randgruppen der Volkswirtschaftslehre gehalten hat, ist international praktisch ausgestorben.

Aber auch in Deutschland ist die Gruppe der Exzessiv-Keynesianer, die für Lohnerhöhungen und staatliche Schuldenprogramme votieren, verschwindend gering.

Dass diese Gruppe dennoch im öffentlichen Bewusstsein eine erhebliche Rolle spielt, liegt allein daran, dass Politik und Medien krampfhaft nach Ökonomen suchen, die bereit sind, die These von der Überwindbarkeit aller Budgetbeschränkungen durch Disziplinlosigkeit zu vertreten – sei es des Kitzels der Disputation wegen, sei es, um einen Resonanzboden für die eigene Meinung zu finden und sich um schmerzliche Einsichten herumzudrücken, die die Wähler ohnehin nicht hören wollen. Die Medienpräsenz der deutschen Nachfragetheoretiker ist selbst ein Ergebnis der Nachfrage der Medien.

Wer diese Einschätzung bezweifelt, möge nur einmal die Stellungnahme der 241 Universitätsprofessoren der Volkswirtschaftslehre vom 30. Juni 2005 zur Kenntnis nehmen. Dort wird die Politik ermahnt anzuerkennen, dass Deutschlands Probleme in allererster Linie auf die hohen Lohnkosten zurückzuführen sind, und es werden entsprechende Maßnahmen zur Flexibilisierung des Arbeitsmarkts gefordert.[7] Den Exzessiv-Keynesianern würde es allenfalls gelingen, eine Hand voll Hochschullehrer für eine Unterschriftenaktion zusammenzubringen.

Dies ist ein Hinweis, aber kein Argument – denn natürlich kann eine Minderheit Recht und eine Mehrheit Unrecht haben. Es ist ähnlich wie in der Medizin, wo eine Mehrheit der Schulmediziner einer Minderheit der Homöopathen gegenübersteht. Vielleicht haben die Hackethals dieser Welt ja doch Recht. Das kann sein, aber es ist eher unwahrscheinlich.

\*\*\*

Die echten Argumente, mit denen die Bedeutung der beiden Schulmeinungen eingeordnet werden können, sind anderer Natur. Es gibt zwei Hauptargumente und ein Indiz, die gegen die Nachfrage- und für die Lohnkosteninterpretation der deutschen Krise sprechen. Das erste Argument ist die deutsche Wiedervereinigung, die ein keynesianisches Nachfrageexperiment gigantischen Ausmaßes darstellt. In den Jahren 1990 bis 2005 sind nach einer Schätzung des ifo Instituts insgesamt netto etwa 1140 Milliarden Euro an öffentlichen Transfers in die neuen Bundesländer geflossen. Die Staatsschulden der Bundesrepublik Deutschland stiegen in dieser Zeit um 980 Milliarden Euro, nämlich von 473 Milliarden Euro zum Zeitpunkt des Mauerfalls (Ende 1989) auf ca. 1453 Milliarden Euro am Ende des Jahres 2005. Die deutsche Vereinigung wurde, wie man weiß, auf Pump finanziert, weil Helmut Kohl dem Volk versprochen hatte, auf Steuererhöhungen zu verzichten. Die kreditfinanzierten Transfers in die neuen Länder wurden zu Nachfrage nach Gütern und Dienstleistungen aus laufender Produktion, die die Konjunktur hätten ankurbeln können. Das taten sie auch ein wenig. Im Jahr 1990/91 gab es einen kleinen vereinigungsbedingten Wirtschaftsboom in Westdeutschland. Doch dies war nur ein Strohfeuer, das bald wieder erlosch. Nachhaltige Effekte auf das Wirtschaftswachstum ergaben sich nicht.

Niemals zuvor ist ein Land in den Genuss eines relativ ähnlich hohen keynesianischen Nachfrageprogramms gekommen wie die Bundesrepublik seit der deutschen Vereinigung. Wenn die These stimmen würde, dass es bei der Wirtschaftsentwicklung vor allem auf die gesamtwirtschaftliche Nachfrage ankommt, hätte Deutschland seit der deutschen Vereinigung einen Superboom haben und Spitzenreiter beim europäischen Wachstum sein müssen.

Das war es aber nicht, wie Abbildung 1.2 gezeigt hat. Deutschland war Schlusslicht.

Das zweite Argument gegen die Konjunktur- und Nachfrageinterpretation der deutschen Krise folgt unmittelbar aus der nachfolgenden Abbildung 2.1, die die langfristige Entwicklung der Arbeitslosenquote in Deutschland verdeutlicht. Man sieht, dass sich die Arbeitslosigkeit in Westdeutschland seit 1970 in vier Zyklen aufgebaut hat, die einem strikt linearen Trend folgen. Jeder Zyklus war etwa zehn Jahre lang. Der erste ging von 1970 bis 1981, der zweite von 1981 bis 1991, und der dritte von 1991 bis 2002. Mittlerweile befindet sich Deutschland im vierten Zyklus der Zunahme der Arbeitslosigkeit, und es ist trotz Hartz IV noch nicht erkennbar, dass sich an dem bisherigen Anstiegsmuster kurzfristig etwas ändern könnte.

Entwicklung der Arbeitslosigkeit[1] 1970–2005

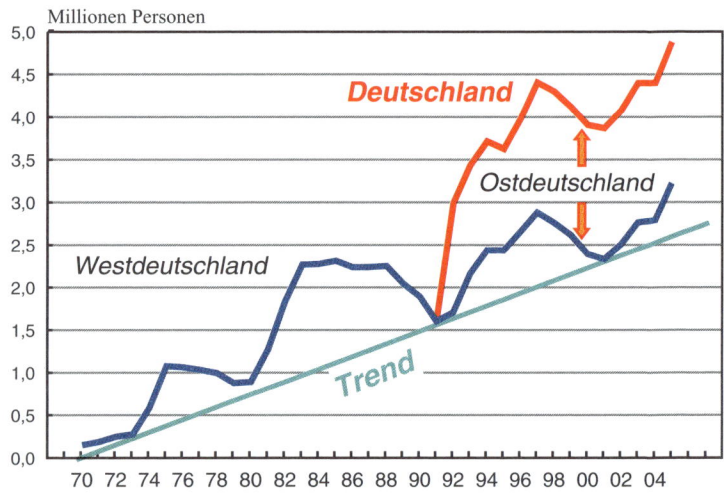

1) Ab 1991 Westdeutschland ohne Berlin, Ostdeutschland einschließlich Berlin.

Quelle: Bundesagentur für Arbeit; 2005: Schätzungen des ifo Instituts (Juni 2005).

ABBILDUNG 2.1

Bemerkenswert ist, dass der Trend für Gesamtdeutschland nicht einmal nur linear ist. Wegen der Arbeitslosen, die durch die deutsche Vereinigung hinzugekommen sind, ist er sogar progressiv nach oben gerichtet. Es ist unbestritten, dass die Konjunktur der Wirtschaft vornehmlich durch Nachfrageschwankungen erklärt werden kann. Das Auf und Ab der Wirtschaft, das mit einer gegenläufigen Entwicklung der Arbeitslosigkeit einhergeht und das in der Graphik deutlich zu erkennen ist, wird durch den sich ändernden Auslastungsgrad der Produktionskapazität bedingt, und der hängt von der gesamtwirtschaftlichen Nachfrage nach Konsum- und Investitionsgütern ab. Deshalb machen die deutschen Wirtschaftsforschungsinstitute, auch das ifo Institut, ihre kurzfristigen Konjunkturprognosen stets auf der Basis der keynesianischen Nachfragetheorie.

Der Trend beim Wirtschaftswachstum und der Trend bei der Arbeitslosigkeit sind jedoch durch die Entwicklung der Produktionskapazität, also des Bestands an Produktionsanlagen, bestimmt, die selbst wiederum durch die laufenden Investitionen aufgebaut und instand gehalten werden. Der nun schon 35 Jahre während Trend bei der Zunahme der Arbeitslosigkeit widerlegt ganz eindeutig, dass es sich bei den deutschen Problemen überwiegend um Nachfrage- und Konjunkturprobleme handeln könnte. Sicher, ein bisschen mehr Nachfrage macht bei unterausgelasteten Kapazitäten stets auch ein bisschen mehr Beschäftigung. Aber daraus folgt nicht, dass bei einer genügend großen Ausweitung der Nachfrage durch staatliche Schuldenpolitik die Arbeitslosigkeit beseitigt werden kann. Spätestens wenn man an die technischen und wirtschaftlichen Kapazitätsschranken der Wirtschaft stößt, lässt sich mittels einer Nachfrageausweitung kein weiterer Beschäftigungseffekt erreichen. Potenzielle Betriebe und

Anlagen, die unrentabel sind und die es deshalb nicht gibt, kann man nicht durch einen Nachfrageschub veranlassen, mehr Arbeitnehmer zu beschäftigen. Nur etwa ein Siebtel der deutschen Arbeitslosigkeit ließe sich nach der Einschätzung der OECD durch nachfragestützende Maßnahmen auflösen. Der Rest ist angebotsbedingt und bedarf einer Änderung der Preise und Löhne. Über die Vollauslastung der Kapazität hinaus ist ein Beschäftigungseffekt nur zu erreichen, wenn auch die Kapazitäten selbst ausgeweitet werden, wenn also zusätzlich in neue Produktionsanlagen investiert wird, und das geschieht nur, wenn es sich für die Unternehmen lohnt.

Wann investiert wird, hängt auch von der konjunkturellen Nachfrageentwicklung ab; der Zyklus der Investitionen folgt auch der Konjunkturentwicklung. Doch ob und wo investiert wird, hängt vor allem von der Kostensituation ab. Im gemeinsamen europäischen Markt ist es nämlich ziemlich irrelevant, von wo aus man die Nachfrage nach den eigenen Produkten befriedigt. Ob man seine Kunden von Deutschland oder von Frankreich, Polen oder Tschechien aus beliefert und wo die Arbeitsplätze entstehen, ist eine Frage der Standortbedingungen.

Davon abgesehen sorgen zusätzliche Beschäftigung und Produktion selbst für zusätzliche Nachfrage, weil der Wert der Produktion eines Landes stets der Summe all seiner Einkommen entspricht. Wenn mehr Menschen arbeiten und zusätzliche Werte erzeugen, dann entstehen im Umfang dieser Werte auch zusätzliche Einkommen. Ein prinzipielles Nachfragedefizit bei wachsender Produktion ist deshalb nicht möglich. Wie viele Menschen auch immer beschäftigt werden: Stets reicht ihr Einkommen exakt aus, die Waren zu kaufen, die sie erzeugen. Natürlich können sie Einkommensteile sparen. Dann fehlt es an Konsumnachfrage. Aber das Ersparte wandert über die

Banken zu den investierenden Firmen, die dann stattdessen Nachfrage nach den Gütern aus laufender Produktion entfalten, indem sie ihren Kapitalstock vergrößern. Oder es wandert ins Ausland, so dass die Ausländer in Form von Krediten oder Beteiligungsmitteln Verfügungsrechte über deutsche Waren erhalten und die fehlende Inlandsnachfrage durch deutsche Exporte ausgleichen können. Wie man es auch dreht und wendet: Nachfrage und Angebot bedingen sich gegenseitig und schaukeln sich gemeinsam hoch, wenn die Produktionskapazitäten ausgeweitet werden. Freilich *schaukeln* sie sich hoch. Das ist das Konjunkturproblem. Fraglos gibt es immer wieder Störungen im Gleichschritt von Angebot und Nachfrage, die den Konjunkturzyklus ausmachen. Diese Störungen entstehen, weil Konsumenten und Firmen die Bestände an gehortetem Geld, das sie nicht für den Kauf von Gütern oder die Kreditvergabe an andere verwenden, verändern. Es gehört zu den Aufgaben der Notenbank, dies auszugleichen. In Zeiten der wachsenden Geldhorte, wenn also die Ersparnisse nicht in voller Höhe zu Krediten und damit zu einer Güternachfrage bei den Kreditnehmern werden, kann sie mit neu gedrucktem Geld selbst zusätzliche Kredite vergeben. Und wenn die privaten Horte aufgelöst werden und die Kredite die Ersparnisse übersteigen, kann sie ihre eigene Kreditvergabe und mit ihr die zirkulierende Geldmenge verringern. Aber die Notenbank kann immer nur auf beobachtete Störungen reagieren, und dies auch nur für den gesamten Euroraum gemeinsam. Stockungen im nationalen Geld- und Güterkreislauf sind deshalb unvermeidbar. Sie treten in der Marktwirtschaft genauso regelmäßig auf wie die Stockungen des Verkehrs auf der Autobahn, die die Polizei auch nicht völlig verhindern kann. Aber das sind kurzfristige Probleme, von denen Deutschland nicht in anderer Form betroffen ist als andere Länder auch. Das deutsche Sonderproblem liegt in der mangelnden Kapazitätsausweitung und der fehlenden Bereitschaft der Unternehmen, neue Arbeitsplätze zu schaffen. Es ist einzig und allein ein Standortproblem.

Ob es sich lohnt, an einem Standort zu investieren, wird durch die Qualität des Standorts und seine Kosten bestimmt. Die Qualität hängt unter anderem vom Rechtssystem, der öffentlichen Infrastruktur und dem Ausbildungsstand der Arbeitnehmer ab. Die Kosten bestehen aus Zinsen, Mieten, Vorproduktkosten, Löhnen und Steuern, doch nicht alle Kosten sind standortrelevant. Zinsen sind international ähnlich; zumindest im Euroraum erklären sie keine Standortunterschiede mehr. Mieten sind abgeleitete Kosten, die durch die Nachfrage nach dem Standort selbst erklärt werden und keine eigenständige Erklärungskraft haben. Vorproduktkosten sind zum einen Teil Kosten für importierte Vorprodukte, die für alle Standorte gleich sind, zum anderen Teil sind sie lokale Vorproduktkosten, die selbst wiederum durch Zinsen, Mieten, Vorproduktkosten, Löhne und Steuern auf vorgelagerten Produktionsstufen entstehen. Letztlich bleiben nur die nationalen Löhne und die nationalen Steuern als standortrelevante Kosten übrig. Unter den Kosten für die Unternehmen sind sie es allein, die die Standortentscheidungen und mit ihnen die Entwicklung der Produktionskapazität und Beschäftigung wirklich bestimmen.

Das ist ein ganz zentraler Punkt, den viele Nichtökonomen nicht verstehen. Weil sie den Einzelbetrieb im Blick haben, wo die Lohnkosten im Vergleich zu den Kosten der Vorprodukte gering sind, übersehen sie, dass die Vorproduktkosten selbst im Wesentlichen Lohnkosten auf vorgelagerten Produktionsstufen sind. Dieses Erkenntnisdefizit erklärt, wieso Volkswirte die Öffentlichkeit mit dem Lohnkostenthema immer wieder von neuem nerven und nicht bereit sind, sich bei der Diskussion um Deutschlands Probleme auf die vielen »Nebenkriegsschauplätze« führen zu lassen, die von den Medien und der Politik eröffnet werden.

### Stundenlohnkosten der Industriearbeiter
(weibliche und männliche Arbeiter)

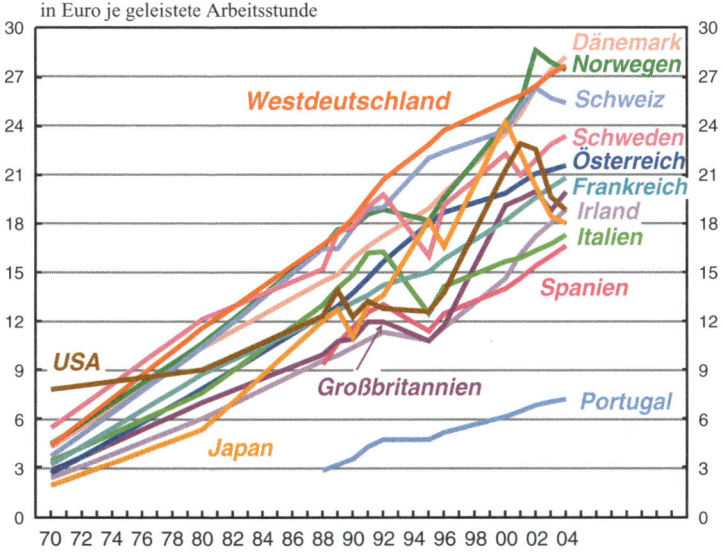

Quelle: Institut der deutschen Wirtschaft Köln nach nationalen Angaben.

ABBILDUNG 2.2

Abbildung 2.2 zeigt, wie es um die westdeutschen Lohnkosten der Industriearbeiter (verarbeitendes Gewerbe) im internationalen Vergleich bestellt ist. Die Lohnkosten setzen sich aus den Bruttolöhnen und den Lohnnebenkosten der Arbeitgeber zusammen, die selbst wiederum im Wesentlichen durch die Sozialabgaben der Arbeitgeber bestimmt sind. Dabei sind westeuropäische Länder, die USA und Japan berücksichtigt. Man sieht, dass die westdeutschen Lohnkosten seit 1980 stets am oberen Rand der Länderverteilung lagen. Westdeutschland war seit 1980 praktisch immer in der Weltspitze. Nur in den Jahren 2001 und 2002 hatte sich, bedingt durch die Aufwertung der Krone, Norwegen zeitweilig nach vorne geschoben, und inzwischen liegt Dänemark mit knappem Vorsprung vor Deutschland an der Spitze. Mit einem Wert von 27,60 Euro sind die westdeutschen Stundenlohnkosten, praktisch gleichauf mit Dänemark, wo 28,14 Euro gezahlt werden, und Norwegen, wo sie 27,31 Euro betragen, die höchsten der Welt. Dies ist ein wichtiges Indiz bei der Beurteilung der Lohnkostenfrage. Selbst schwedische Arbeiter arbeiten für 4 bis 5 Euro weniger als die deutschen. Die britischen Arbeiter sind 8, die französischen 7 und die österreichischen 6 Euro billiger, von den Iren ganz zu schweigen, die sogar 9 Euro weniger kosten.[8]

Es half wenig, dass die Gewerkschaften in der zweiten Hälfte der neunziger Jahre bei den Lohnsteigerungen etwas vorsichtiger waren als früher. Dreißig Jahre aggressiver Lohnpolitik können nicht durch fünf bescheidenere Jahre kompensiert werden. Schließlich ist es ja nicht die jährliche Steigerung der Löhne, sondern ihr Niveau selbst, welches über die Arbeitsplätze entscheidet.

Natürlich können die Arbeiter der deutschen Firmen teurer sein als ihre ausländischen Konkurrenten, wenn sie entsprechend besser sind. Schließlich zählt am Markt das Preis-Leistungs-Verhältnis. Doch ob die deutschen Arbeiter noch so viel besser sind, wie sie teurer sind, ist die Frage.

Die deutschen Unternehmensleiter bezweifeln das jedenfalls vehement. Ihnen zufolge sind die Arbeitnehmer in den anderen Ländern mindestens ebenso motiviert und fleißig wie die deutschen, denn die alten Tugenden der deutschen Arbeiter haben sich im Laufe der Wohlstandsentwicklung eher verflüchtigt. Symptomatisch sind die Klagen des LKW-Herstellers MAN in München. Ihm macht zu schaffen, dass seine angelernten Arbeiter um einige Euro teurer sind als die schwedischen Facharbeiter, die der Konkurrent Scania in Schweden einsetzt, während ein Produktivitätsvorsprung nicht feststellbar ist. Sicher, solche Klagen mögen einem gewissen Zweckpessimismus entspringen, doch haben sie, wie die Abbildung zeigt, eine reale Basis. Das Problem lässt sich nicht wegreden.

Manchmal wird als Gegenargument auf die neuen Länder verwiesen, wo die Lohnkosten noch deutlich niedriger als im Westen sind und wo die Wirtschaft dennoch nicht ins Laufen kommt. Aber dort sind die Standortbedingungen 15 Jahre nach dem Fall des Kommunismus noch immer sehr viel schlechter als im Westen, und zwar schon deshalb, weil die Konkurrenz der osteuropäischen Länder näher ist, weil die etablierten Firmennetzwerke fehlen, die dem Westen erhebliche Synergievorteile verschaffen, und weil sie nicht über den in besseren Zeiten entstandenen Kapitalstock verfügen, mit dem die westliche Industrie vorläufig noch arbeiten kann. Löhne, die altes Kapital gerade noch am Ort halten, sind wesentlich höher als jene, die in der Lage wären, neues Kapital anzulocken. Man kann nur Gleiches mit Gleichem vergleichen.

Leider gibt es keine verlässlichen Statistiken, die eine Entscheidung darüber zuließen, wie gut die deutschen Arbeitnehmer im internationalen Vergleich sind. Die häufig zitierten Produktivitäts- und Lohnstückkostenvergleche, bei denen Deutschland nicht schlecht aussieht, führen jedenfalls in die Irre. Lohnstückkosten sind Lohnkosten pro Stunde geteilt durch die Produktivität pro Stunde. Sie sind kein geeignetes Maß zur Beurteilung des Sachverhalts, weil die Produktivität an den Produktionsstätten, die es gibt, trivialerweise stets noch ausreicht, die Löhne zu zahlen. Wäre dies nicht der Fall, gäbe es diese Produktionsstätten ja nicht, denn kein Unternehmer betreibt dauerhaft Verlust bringende Geschäfte. Wie hoch die Löhne auch immer sind: Durch eine darwinsche Selektion der produktivsten Produktionsstätten ist die Produktivität bei den überlebenden Produktionsstätten stets hoch genug für sie. Kein Wunder, dass internationale Lohnstückkostenvergleiche stets sehr ähnliche Werte bringen, wie groß auch immer die Lohnunterschiede sind.[9] Es ist ein Denkfehler, bei Lohnstückkostenrechnungen die Nullproduktivität jener Menschen, die wegen der möglicherweise überhöhten Löhne keine Stelle mehr finden, aus der Berechnung herauszulassen. In einem unter einer Massenarbeitslosigkeit leidenden Land wie Deutschland ist die Arbeitsproduktivität, die in die Berechnung eingeht, die Produktivität jener Arbeitsplätze, die trotz der hohen Löhne für die Unternehmen noch rentabel sind. Die Produktivität der wegen der Löhne unrentabel gewordenen Arbeitsplätze wird nicht erfasst. Die bei den Beschäftigten gemessene Arbeitsproduktivität und die Lohnstückkosten sagen deshalb nichts, aber auch gar nichts darüber aus, ob die Löhne wettbewerbsgerecht sind.[10]

Die deutsche Lohnpolitik ist, wie der Sachverständigenrat und die Institute seit Jahrzehnten bemängelt haben, immer wieder über das sinnvolle Maß hinausgegangen. In den siebziger Jahren haben die Gewerkschaften zweistellige Zuwachsraten durchgeboxt, und in den folgenden Jahrzehnten haben sie ebenfalls im internationalen Vergleich hohe Steigerungsraten realisiert. Dadurch haben sie die minderproduktiven Arbeitsplätze vernichtet und aus der Statistik entfernt – mit der Folge, dass die gemessene Arbeitsproduktivität stieg und der lohnbedingte Anstieg der Lohnstückkosten großenteils wieder kompensiert wurde. Bei der nächsten Lohnrunde gab dies den Gewerkschaften von neuem Anlass, höhere Löhne zu fordern und so weiter. Die Arbeitsproduktivität stieg und stieg – aber auf einer im Vergleich zur Arbeitsbevölkerung immer kleiner werdenden Menge an Arbeitsplätzen, die dieser Politik standhalten konnten. Die tatsächliche Zunahme der Lohnstückkosten, die unter Berücksichtigung der Nullproduktivität der Entlassenen zu berechnen wäre, ist auf diese Weise in den Jahren von 1982 bis 2002 jährlich um ca. 0,9 Prozentpunkte unterschätzt worden.[11]

In der Summe sind diese Informationen starke Belege dafür, dass Deutschland unter einer Lohnkostenkrise und nicht unter einer konjunkturellen Nachfragekrise leidet. Das heißt nicht, dass es keinerlei Nachfrageprobleme gibt. Die hohen Lohnkosten sind sehr wohl ein Nachfrageproblem, aber sie sind es, weil sie die Nachfrage der Unternehmen nach Arbeitnehmern verringert haben. Bei der Wahl zwischen polnischen und deutschen Arbeitern, zwischen deutschen Arbeitern und Robotern oder zwischen deutschen Arbeitern und einer Geldanlage am internationalen Kapitalmarkt fiel die Entscheidung allzu häufig gegen die deutschen Arbeiter aus. Knapp 5 Millionen deutsche Arbeitnehmer sind derzeit arbeitslos. 5 Millionen werden nicht mehr nachgefragt, weil sie nicht mehr zu wettbewerbsfähigen Bedingungen beschäftigt werden können. Durch die Macht der Gewerkschaften, die Lohntreiberei des Sozialstaats und die staatlichen Abgaben, die auf die Nettolöhne draufgepackt wurden, sind diese deutschen Arbeitnehmer so teuer geworden, dass sie nun keiner mehr haben will. Das ist die bittere Wahrheit, der sich die Deutschen stellen müssen.

# 3.
# DER INVESTITIONSSTREIK

Keine ökonomische Variable zeigt die Standortqualität eines Landes so deutlich wie die privaten Investitionen, denn mit den Investitionen binden sich die Unternehmen für lange Zeit. Industrielle Investitionen in Ausrüstungen, also Maschinen und Produktionsanlagen, müssen sich in der Regel nach einem Dutzend Jahre amortisiert haben, und gewerbliche Immobilieninvestitionen müssen ihre Kosten nach 20 bis 30 Jahren wieder eingespielt haben. Für Investitionen in den Wohnungsbau rechnet man mit noch längeren Amortisationsperioden. Es steht viel auf dem Spiel für einen Investor, wenn er sich entschließt, sein Vermögen an einen Standort zu binden. Er wird dies nur dann tun, wenn er mit gutem Grund erwartet, dass er hinreichend hohe Gewinne machen kann, um sein Kapital zurückzubekommen und zusätzlich eine risikogerechte Verzinsung zu erzielen, wie er sie auch anderswo auf der Welt bekäme. Die Investitionen sind ein empfindlicher Sensor für die Beurteilung der Standortqualität – und mit Sicherheit verlässlicher als alle willkürlich zusammengesetzten Standortindikatoren, die sich irgendwelche Forscher ausdenken, die ihr eigenes Geld dabei nicht einsetzen müssen.

Im Jahr 2004 löste dieser Sensor Alarm aus, denn während sich die Welt in einem stürmischen konjunkturellen

Boom befand, wie er nur selten auftritt, gingen die deutschen Investitionen zurück. Es war ein beunruhigender Vorgang, der viele Hoffnungen auf eine baldige Gesundung der deutschen Wirtschaft enttäuschte. In den Vorjahren von 2001 bis 2003, als es in Deutschland bereits kräftig kriselte, konnten viele Probleme noch auf die lahmende Weltkonjunktur geschoben werden. Das ging im Jahr 2004 nicht mehr. In diesem Jahr musste eigentlich auch dem Letzten klar werden, dass Deutschland mehr als nur ein Konjunkturproblem hat und offenbar in einer Strukturkrise steckt, von der andere Länder nicht oder nicht im gleichen Ausmaß betroffen sind.

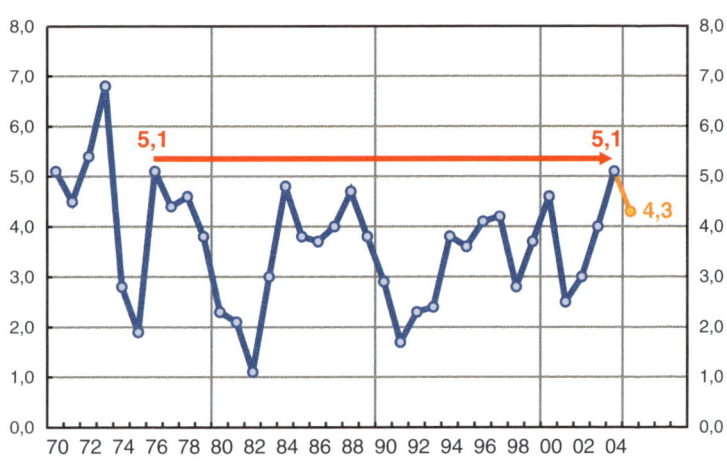

### Weltwirtschaft 1970–2005
Veränderung des BIP gegenüber dem Vorjahr in %

Quelle: International Monetary Fund, World Economic Outlook Database, April 2005.

ABBILDUNG 3.1

Abbildung 3.1 zeigt die Entwicklung der Weltkonjunktur. Man sieht, dass die Weltwirtschaft im Jahr 2004 um real 5,1% wuchs und dass man bis auf das Jahr 1976, also 28

Jahre, zurückgehen muss, um ein Jahr mit einem ähnlich hohen Wirtschaftswachstum zu finden. Im Kontrast dazu waren die Konjunkturdaten für Deutschland, die in der nachfolgenden Tabelle 3.1 dargestellt werden, enttäuschend. Das Wachstum des Bruttoinlandsprodukts lag im Jahr 2004 mit nur 1,6% auf einem auch für Deutschland bescheidenen Niveau, das als noch unbefriedigender erscheint, wenn man berücksichtigt, dass von den 1,6% allein 0,5 Prozentpunkte auf einen Sondereffekt zurückzuführen waren: In diesem Jahr fielen deutlich weniger Feiertage auf das Wochenende als im Vorjahr. Getragen wurde die leichte konjunkturelle Verbesserung allein von der Exportnachfrage, die wegen der stürmischen Entwicklung der Weltkonjunktur kräftig anzog. Doch die Binnennachfrage lahmte. Zum einen stagnierte der private Konsum. Zum anderen gingen die Bruttoanlageinvestitionen um 0,5% zurück. Das hat es während eines starken weltwirtschaftlichen Aufschwungs und des damit einhergehenden Nachfrageschubs aus dem Ausland in den letzten Jahrzehnten nicht gegeben.[12]

**Die konjunkturelle Entwicklung Deutschlands**
Veränderung gegenüber dem Vorjahr in %

|  | 2004 | 2005 |
| --- | --- | --- |
| Privater Konsum | −0,1 | 0,2 |
| Konsumausgaben des Staates | −0,7 | 0,4 |
| Bruttoanlageinvestitionen | −0,5 | −0,1 |
| Exporte | 9,0 | 4,6 |
| Importe | 6,7 | 4,4 |
| Bruttoinlandsprodukt | 1,6 | 0,8 |

Quelle: Statistisches Bundesamt; Berechnungen und Schätzungen des ifo Instituts (Juni 2005).
TABELLE 3.1

Eine mögliche Erklärung für die Entkoppelung der Binnenkonjunktur von der Exportkonjunktur liegt im Standortproblem. Je höher die Lohnkosten, desto kleiner ist der Gewinn, der einem Unternehmer aus einer Investition verbleibt, und desto geringer ist die Teilmenge der in Erwägung gezogenen Investitionsprojekte, die sich trotzdem noch lohnen.

Die schrumpfenden Investitionen waren die Hauptursache der schwachen Binnennachfrage, denn mehr noch als die Konsumgüternachfrage ist es die Nachfrage nach Investitionsgütern, die den Rhythmus der Konjunktur steuert. Die Investitionen sind die *Cycle Makers*, der wichtigste Grund für konjunkturelle Schwankungen in der gesamtwirtschaftlichen Nachfrage. Bei früheren Aufschwüngen der Weltwirtschaft stiegen die Anlageinvestitionen um bis zu 4% bis 6%. Dass sich die Nachfrage nach Investitionsgütern im Jahr 2004 von der Weltwirtschaft abkoppelte und sogar schrumpfte, obwohl die deutsche Exportnachfrage kräftig wuchs, ist das eigentliche Problem.[13] Leider gibt es, wie die Tabelle zeigt, nach den für das Jahr 2005 vorliegenden Informationen nicht den Eindruck, dass sich hieran kurzfristig etwas ändern würde.

Dass auch die Nachfrage nach Konsumgütern nicht anzog, ist richtig, folgt aber aus der Investitionsschwäche früherer Jahre. Die schwachen Investitionen bewirkten, dass immer weniger neue Arbeitsplätze geschaffen wurden, so dass für die aus vielerlei Gründen anderswo wegfallenden Arbeitsplätze kein Ersatz geschaffen wurde. Die Negativschlagzeilen über Konkurse und Standortverlagerungen wurden nicht durch positive Nachrichten über neue Arbeitsplätze kompensiert. So verbreitete sich unter den Arbeitnehmern berechtigte Angst über die Zukunft, und aus der Angst heraus wurden vermeidbare Käufe langlebiger Konsumgüter zurückgestellt. Das alte Auto wurde weiter gefahren, und an Stelle eines Neuerwerbs wurde die alte Waschmaschine noch einmal repariert. Die Sparquote der privaten Haushalte blieb deshalb mit einem Wert von 10,6% auf einem hohen Niveau. Im Boomjahr 2000, als vom immerwährenden Aufschwung die Rede war, hatte sie nur bei 9,2% gelegen. Die Zunahme der Sparneigung ist grundsätzlich gut, wenn die zusätzlichen Sparsummen zu entsprechenden Krediten führen, die dann von den privaten Investoren aufgegriffen werden. Deutschlands Problem ist freilich, dass dies nicht der Fall ist. Finanzierungsmittel sind bei den Banken und Sparkassen in hohem Maß vorhanden, doch die Investoren rufen sie nicht ab. Sie bestreiken den Standort.

\*\*\*

Die fehlenden Investitionen sind nicht nur ein klarer Indikator für Deutschlands Standortprobleme und erklären nicht nur die Abkoppelung der deutschen Konjunktur von der Weltkonjunktur. Noch wichtiger ist, dass sie ein nur geringes Wachstum der Produktionskapazität implizieren, was ja die einzige wirkliche Basis für nachhaltiges Wirtschaftswachstum ist. Deutschland hatte 2002 ein Nettoanlagevermögen zu Wiederbeschaffungspreisen im Wert von etwa 6,5 Billionen Euro im Jahresdurchschnitt[14] und ein Nettoinlandsprodukt von 1,79 Billionen Euro, das mit diesem Kapitalbestand und den anderen Produktionsfaktoren, im Wesentlichen Arbeit und Boden, erzeugt wurde. Die Relation zwischen Kapitalbestand und Nettoinlandsprodukt, der so genannte Kapitalkoeffizient, hatte den Wert 3,6. Der Kapitalkoeffizient ist eine auch längerfristig recht stabile Größe. Will unser Land mittelfristig um, sagen wir, 2% wachsen, um im Tempo des restlichen Europa mitzuziehen, dann muss es seinen Kapitalstock jedes

Jahr um 2% vergrößern, was einer (Netto-)Investitionsquote bezüglich des Nettoinlandsprodukts in Höhe von 2% x 3,6 = 7,2% entspricht. Dieses Ziel erreicht das Land seit 2001 nicht mehr. Die Investitionsquote hat, wie Abbildung 3.2 verdeutlicht, nur noch einen Wert von etwa 3% bei weiterhin fallender Tendenz. Bei einer solchen Quote wachsen der Kapitalstock und die Produktionskapazität nur noch um etwa 1%, eine Zahl, die auch bei anderen Untersuchungen, die sich unmittelbarer Trendextrapolationen beim Bruttoinlandsprodukt bedienen, herauskommt.[15] Ein Prozent ist zu wenig. Da selbst das Trendwachstum der Eurozone ohne Deutschland bei etwa $2\frac{1}{4}$% liegt, fallen wir damit im Vergleich zum Durchschnittseinkommen der anderen Länder immer weiter zurück.

Investitionsquote[1] in ausgewählten Industriestaaten

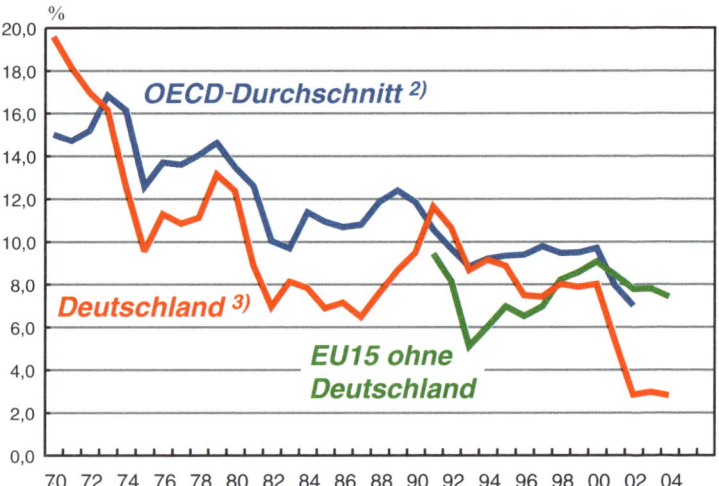

1) Nettoinvestitionen in % des Nettoinlandsprodukts in jeweiligen Preisen.
2) Ohne Tschechien, Polen, Ungarn, Slowakei. 3) Bis 1990 früheres Bundesgebiet.

Quelle: Statistisches Bundesamt, Fachserie 18, Reihe S.21 und Reihe S.26; Eurostat, Daten im Internet; OECD National Accounts, Volume I, 2005 und Berechnungen des ifo Instituts.

ABBILDUNG 3.2

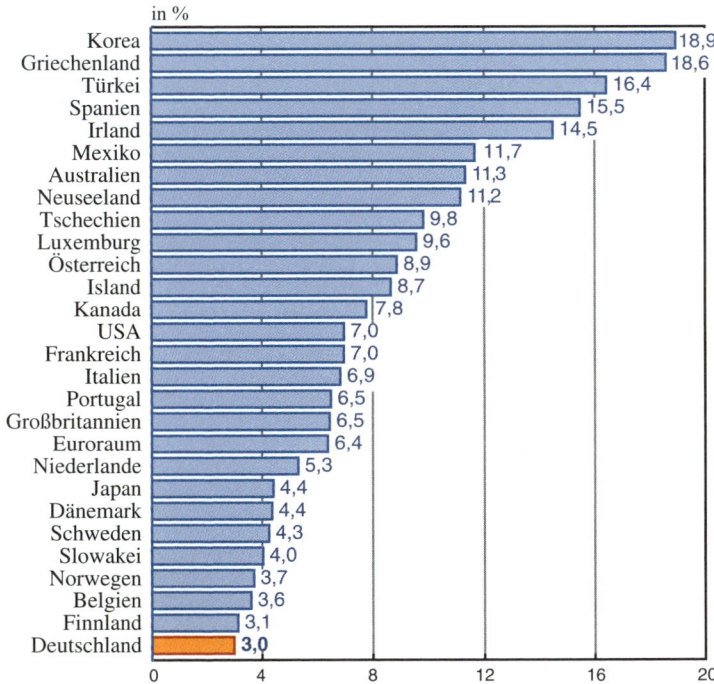

Investitionsquote[1] im internationalen Vergleich (2003)

in %

|  |  |
|---|---|
| Korea | 18,9 |
| Griechenland | 18,6 |
| Türkei | 16,4 |
| Spanien | 15,5 |
| Irland | 14,5 |
| Mexiko | 11,7 |
| Australien | 11,3 |
| Neuseeland | 11,2 |
| Tschechien | 9,8 |
| Luxemburg | 9,6 |
| Österreich | 8,9 |
| Island | 8,7 |
| Kanada | 7,8 |
| USA | 7,0 |
| Frankreich | 7,0 |
| Italien | 6,9 |
| Portugal | 6,5 |
| Großbritannien | 6,5 |
| Euroraum | 6,4 |
| Niederlande | 5,3 |
| Japan | 4,4 |
| Dänemark | 4,4 |
| Schweden | 4,3 |
| Slowakei | 4,0 |
| Norwegen | 3,7 |
| Belgien | 3,6 |
| Finnland | 3,1 |
| Deutschland | 3,0 |

1) Die Nettoinvestitionsquote ist der Anteil der Nettoinvestitionen
(Bruttoinvestitionen abzüglich Abschreibungen) am Nettoinlandsprodukt
(Bruttoinlandsprodukt abzüglich Abschreibungen).

Quelle: OECD, database National Accounts - Volume I - Main aggregates Vol. 2005,
release 2 und Berechnungen des ifo Instituts.

ABBILDUNG 3.3

Abbildung 3.2 zeigt, wie sich die deutsche Investitionsquote im Vergleich zu anderen Regionen entwickelt hat.[16]
Man sieht, dass diese Kurve um das Jahr 1970 über dem
OECD-Durchschnitt lag, dann aber unter diesen Durchschnitt fiel und in etwa parallel zu ihm weiter abnahm. Zur
Zeit der deutschen Vereinigung lag sie kurzzeitig noch
einmal über dem OECD-Durchschnitt, doch danach fiel
sie trendmäßig bis auf die erwähnten 3% im Jahr 2004. Die
Quote sank im Vergleich zum OECD-Durchschnitt und

auch gegenüber dem Durchschnitt der anderen alten EU-Länder, die zuletzt Werte von etwa 7% bis 8% aufwiesen. Wie extrem die Situation ist, in der sich Deutschland mittlerweile befindet, zeigt Abbildung 3.3. Unter allen OECD-Ländern, also allen entwickelten Ländern der Erde, hat Deutschland derzeit mit einem Wert von nur 3,0% die niedrigste Investitionsquote überhaupt.[17] Eindringlicher als durch diese Zahl kann der Investitionsstreik der Unternehmen nicht verdeutlicht werden. Das ist der Grund, warum das Land kaum noch wächst. Das Vertrauen in den Standort ist offenkundig dahin.

# 4.

## DIE FÜNF SCHOCKS

Dass Deutschlands Wachstumsdynamik erloschen ist und seine Unternehmer nicht mehr bereit sind, das hierzulande reichlich vorhandene Sparkapital für die Finanzierung realer Investitionsprojekte abzurufen, verwundert viele. Sie fragen sich, was denn heute so anders als noch vor 15, 20 Jahren sein soll, als Deutschland trotz aller Probleme auf dem Arbeitsmarkt immer noch ganz ordentlich wuchs und seine europäische Spitzenposition beim Pro-Kopf-Einkommen verteidigen konnte. Das Land ist doch im Wesentlichen so organisiert wie damals. Warum funktioniert heute nicht mehr, was damals gelang?

Die Antwort ist einfach: Die Welt ist nicht mehr dieselbe. Nie zuvor hat sich das internationale wirtschaftliche Umfeld Deutschlands in Friedenszeiten so schnell geändert wie in den letzten 15 Jahren, von der unmittelbaren Nachkriegszeit einmal abgesehen. Es gab fünf große Umwälzungen oder Schocks, die zeitgleich stattfanden und neue Wettbewerbsverhältnisse geschaffen haben. Alle stellen sie Herausforderungen dar, die das Land erst noch bestehen muss.

Das Problem erinnert ein wenig an die Theorie des englischen Historikers Arnold Joseph Toynbee.[18] Ihm zufolge sind die großen Nationen der Geschichte untergegangen, weil sie unfähig waren, auf äußere Herausforderungen (*challenges*) zu reagieren. Solche äußeren Herausforderungen bieten Chancen und Risiken. Wenn man richtig auf sie reagiert, kann man seine Position noch verbessern, aber wenn man nicht reagiert, geht man unter. Was sind nun diese fünf Schocks?

Der erste Schock war die sich verstärkende Globalisierung, die eine massive Konkurrenz aus Niedriglohnländern brachte. Obwohl die Globalisierung ein kontinuierlicher Prozess ist, gewann sie abrupt an Kraft, als China und Indien auf den Weltmärkten erschienen und begannen, die asiatischen Tigerländer von Singapur über Indonesien bis Japan und Korea zu kopieren. Im südostasiatischen Raum entsteht derzeit das neue wirtschaftliche Zentrum der Welt, neben dem Europa und die USA zunehmend verblassen.

Der zweite Schock war die europäische Einigung einschließlich der nördlichen und südlichen EU-Erweiterungen. Die Aufhebung der Binnengrenzen der EU vergrößerte das Marktgebiet für jedes Land und führte zu den Skaleneffekten der industriellen Großserienfertigung, wie sie im Cecchini-Bericht[19] vorhergesagt waren: In der großen Serie kann man billiger produzieren und erhebliche Produktivitätsgewinne realisieren. Dies nützte den kleinen Ländern Europas mehr als den großen, weil die großen dank ihrer großen Binnenmärkte ohnehin schon in der Lage gewesen waren, in die industrielle Großserienfertigung zu gehen. Deutschland, Europas größte Volkswirtschaft, hatte naturgemäß am wenigsten von diesem Effekt. Ja, die deutsche Wirtschaft sah sich in den kleinen Ländern auf einmal mit neuen Wettbewerbern konfrontiert, mit denen sie gar nicht gerechnet hatte.

Man denke zum Beispiel an die kleine finnische Fernsehfirma, die 1990 kurz vor dem Konkurs stand und inzwischen das Unternehmen mit der größten Börsenkapitalisierung in Europa geworden ist: Nokia, Erfinder und Produzent von Handys. Dank des gemeinsamen Marktes konnte Nokia seine Erfindungen im vollen Umfang zur Geltung bringen, während Siemens sich nun aus dem Handymarkt zurückzieht. Ohne den gemeinsamen Binnenmarkt wäre Siemens vermutlich noch im Markt. Vielleicht wären die Handys dann etwas später gekommen, und vielleicht wären sie auch etwas größer. Aber sicherlich wäre Siemens die Nummer eins in Europa.

Der dritte Schock ging vom Euro aus, der zu einer dramatischen Konvergenz der langfristigen Zinsen in Europa führte. Diese hatten in einigen Ländern noch Mitte der neunziger Jahre um etwa 5 bis 7 Prozentpunkte über dem deutschen Zinsniveau gelegen. Vom Währungsrisiko befreit, verlangten internationale Anleger von diesen Ländern nun keinen Risikoaufschlag mehr, sondern waren bereit, ihnen Finanzmittel zu denselben günstigen Bedingungen zur Verfügung zu stellen, die zuvor den deutschen Firmen vorbehalten waren.

Prinzipiell ist dies gut für Europa, denn so wird das Kapital besser eingesetzt und das Wachstum angekurbelt. Deutsche Spareinlagen finden nun ihren Weg in abgelegene und vorher benachteiligte Regionen der Eurozone, wo sie einen größeren Beitrag zum Sozialprodukt leisten, als es in dem mit Kapital schon reichlich ausgestatteten Deutschland möglich gewesen wäre. Für die deutschen Arbeitnehmer jedoch, die ebenfalls gern mit diesem Kapital gearbeitet hätten, ist dies kein Vorteil, sondern ein Nachteil.

Der vierte Schock war die deutsche Wiedervereinigung, die in wirtschaftlicher Hinsicht ein Fehlschlag war. Das ostdeutsche Bruttoinlandsprodukt je Person im erwerbsfähigen Alter lag 1996 bei 61% des westdeutschen Niveaus; im Jahr 2005 sind es 59%. Das niedrige Wirtschaftswachstum im östlichen Teil des Landes senkt den landesweiten Durchschnitt, während die enorme Nachfrage nach öffentlichen Mitteln die Staatsverschuldung steigen lässt. Die schwache Finanzlage ihrerseits hat dazu beigetragen, das Vertrauen der Investoren in die Zukunft des Standorts zu untergraben, mit offensichtlichen Auswirkungen für das Wirtschaftswachstum.

Der fünfte Schock war die Osterweiterung der Europäischen Union. Sie eröffnete außergewöhnliche Handels- und Anlagechancen im Osten, brachte aber zugleich eine massive Niedriglohnkonkurrenz mit sich. Die Lohnkosten in den zehn Ländern, die 2004 der EU beitraten, liegen bei einem Bruchteil der deutschen Lohnkosten und regen massive Standortverlagerungen zu Lasten Deutschlands an. Der Effekt ist ähnlich wie bei der Beteiligung Chinas und anderer Niedriglöhner. Jedoch hat er insofern eine besondere Kraft, als die osteuropäischen Länder direkt vor unserer Haustür liegen und nun nicht mehr durch Zollschranken und andere Handelsbarrieren von uns getrennt sind.

Alle fünf Schocks sind historische Tatsachen, die gut für die Welt insgesamt sind. Man kann sich realistischerweise keine politischen Alternativen dazu vorstellen oder wünschen. Vermutlich sind sie langfristig auch gut für Deutschland. Dennoch haben sie uns bislang eher Probleme bereitet. Es sind schlichtweg zu viele Umwälzungen auf einmal. Es wäre besser für unser Land gewesen, für jede Einzelne hätte es ein Jahrzehnt lang Zeit zur Anpassung gehabt, für das Erstarken Chinas am besten gleich zwei. Dass sie nun alle auf einmal gekommen sind, ist das Problem. Es ist ein bisschen wie mit den bayerischen Klößen. Einen Kloß kann man zum Schweinebraten noch ganz gut verspeisen, einen weiteren halben bringt man vielleicht auch noch herunter. Aber wenn man fünf Klöße auf einmal essen soll, wird einem schlecht.

Nicht nur Deutschland hat mit den Schocks zu kämpfen. Praktisch die gesamte westliche Welt ist in irgendeiner Weise betroffen, und entsprechend groß sind die Sorgen. Die Globalisierung stellt alle Länder vor eine riesige Herausforderung. Aus drei recht offensichtlichen Gründen hat aber Deutschland mehr Probleme als andere Länder. Erstens sind drei der fünf Schocks – nämlich der Euro, der europäische Binnenmarkt und die deutsche Vereinigung – spezifische Herausforderungen für Deutschland, die für andere Länder kein vergleichbares Problem, ja teilweise sogar eine Erleichterung der Wettbewerbslage darstellen. So hat beispielsweise Irland den Nachteil seiner Marktenge überwinden können, erhielt Zugang zu Zinsen, wie sie zuvor nur der deutschen Wirtschaft zur Verfügung standen, und muss sich an den Steuern zur Finanzierung der deutschen Vereinigung nicht beteiligen. Kein Wunder, dass dieses Land ein Wirtschaftswunder erfuhr.

Der zweite Grund ist Deutschlands geographische Lage. Unser Land liegt genau an der Grenze des ehemaligen Eisernen Vorhangs. Die Niedriglohngebiete Osteuropas beginnen 100 Kilometer vor den Toren Berlins und Münchens. Auch die kulturelle Nähe zu Osteuropa ist größer als zu anderen Ländern.[20] Die kulturelle und geographische Nähe bietet Deutschland besondere Chancen, bedeutet aber eben auch eine besondere Herausforderung durch einen besonders raschen und intensiven Anschluss an die Niedriglohngebiete Osteuropas.

Der dritte Grund hat mit der deutschen Spitzenposition bei den industriellen Arbeitskosten zu tun. Ohne Zweifel ist die Niedriglohnkonkurrenz aus Osteuropa und Asien für alle entwickelten westlichen Länder das Hauptproblem dieser Zeit. Doch weil Deutschland an der Spitze der internationalen Lohnskala liegt, wird unser Land von dieser Niedriglohnkonkurrenz besonders hart bedroht.

\*\*\*

Wie gravierend die Lohnunterschiede sind, zeigt Abbildung 4.1. Sie erweitert die schon aus Abbildung 2.1 bekannte Information zu den Lohnkosten der westlichen Länder um einen Vergleich mit den Lohnkosten der neuen EU-Beitrittsländer sowie Koreas und Chinas, um einmal die wichtigsten Niedriglohnländer zu erfassen. Auch Bulgarien und Rumänien, die erst im Jahr 2008 der EU beitreten sollen, sind dabei.

Während die westdeutschen Lohnkosten pro Stunde bei über 27 Euro liegen, hat Polen Lohnkosten von knapp über 3 Euro, und Rumänien und Bulgarien liegen bei nur etwa 1 bis 2 Euro. China hat gar Lohnkosten von kaum mehr als 1 Euro. Die westdeutschen Arbeitskosten je Stunde sind siebeneinhalbmal (100%/13,2%) so groß wie der Durchschnitt der Arbeitskosten der osteuropäischen Länder, die 2004 der EU beitraten[21], und sie sind 25-mal so hoch wie die chinesischen Arbeitskosten.

Die in der Abbildung dargestellten Unterschiede in den Stundenlohnkosten zwischen den alten und neuen EU-Ländern sind so riesig, dass es schwer fallen dürfte, im Hinblick auf den Handel zwischen Industrieländern Parallelen zu finden. Insbesondere sind sie viel größer als seinerzeit bei der EU-Westerweiterung um Spanien und Portugal. Im Durchschnitt hatten die spanischen und portugiesischen Löhne beim Beitritt dieser Länder zur EU bereits bei knapp 50% der westdeutschen Löhne gelegen.[22] Beide Länder waren echte Marktwirtschaften mit wohl entwickelten Rechtssystemen, deren Wirtschaft im Prinzip funktionierte, wenn auch auf niedrigem Wohlstandsniveau. Zumindest das relative spanische Leistungsniveau lag zum Zeitpunkt des EU-Beitritts meilenweit über jenem der osteuropäischen Länder, deren Wirtschaft über viele Jahrzehnte durch den Kommunismus verwüstet worden war.

Arbeitskosten[1] je Stunde im Jahr 2004

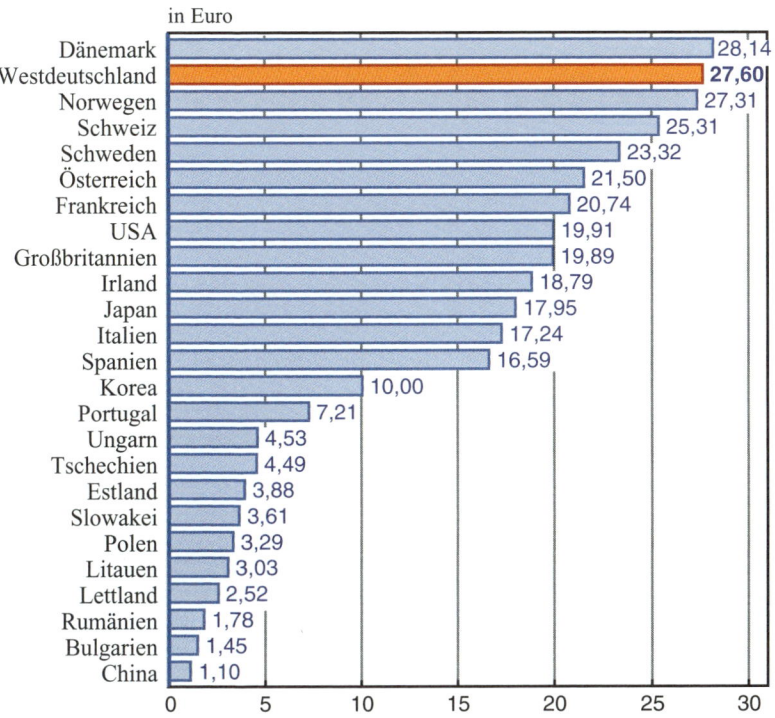

1) Durchschnittliche Arbeitskosten im verarbeitenden Gewerbe.

Quelle: Institut der deutschen Wirtschaft, Köln. Für Bulgarien, Rumänien und die baltischen Länder wurden die Eurostat-Werte des Jahres 2000 fortgeschrieben auf Basis der Eurostat-Pressemitteilung Nr. 81 vom 21.6.2005 bzw. der ILO-Datenbank Laborsta. China und Korea: 2001 ermittelt aus Angaben der ILO-Datenbank Laborsta zu Arbeitskosten und tatsächlicher Arbeitszeit.

ABBILDUNG 4.1

Diese riesigen Unterschiede zu den exkommunistischen Ländern haben natürlich auch schon vor 1990 bestanden, nur hat der Eiserne Vorhang damals wirtschaftli-

che Konsequenzen für den Westen verhindert. Das ökonomische Problem ist, dass der Eiserne Vorhang und mit
ihm ein ideologischer Vorhang um das Jahr 1990 plötzlich
gefallen ist und dass nun mit einem Schlag 1,8 Milliarden
Menschen aus den exkommunistischen Ländern, immerhin ein gutes Viertel (28%) der Menschheit, am marktwirtschaftlichen Wettbewerb teilnehmen.[23] Dies ist wahrlich ein Schock für die Weltwirtschaft, eine Eruption
größeren Ausmaßes, die zu verarbeiten sehr lange Zeiträu-
me in Anspruch nehmen wird. Viele denken, wir müssten auf diese Umwälzungen
nicht reagieren. Die Lohnunterschiede seien so groß, dass
es überhaupt keinen Sinn mache, sich dem Wettbewerb zu
stellen. Aber dieser Standpunkt ist – mit Verlaub – naiv,
weil er unterstellt, der Wettbewerb sei ein Spiel, an dem
man teilnehmen könne oder auch nicht. Die Chinesen, die
Polen und all die anderen machen nun einmal mit, und
nichts in der Welt kann sie daran hindern, uns Konkurrenz
zu machen. Der Weltmarkt ist kein Schachspiel. Die
Niedriglohnländer müssen uns nicht erst fragen, ob sie
mitspielen dürfen. Sie tun es einfach. Wenn wir die Konkurrenz ignorieren und glauben, wir könnten sie mit Sprü-
chen oder Schulterzucken beiseite wischen, dann wird es
in der Tat so sein, wie Toynbee es vorausgesagt hat: Dann
gehen wir unter. Wer sich dem Wettbewerb nicht stellt,
hat überhaupt keine Chance mehr.

Es geht nicht darum, dass wir mit unseren Löhnen auf
das chinesische Niveau herunter müssen, um wettbewerbsfähig zu bleiben. Diese Schlussfolgerung wäre genauso absurd wie die Vorstellung, wir könnten den
Wettbewerb ignorieren. Dank eines überlegenen Rechts-
systems, eines wohl eingespielten Systems staatlicher Institutionen, einer exzellenten Infrastruktur und eines
guten Systems der beruflichen Ausbildung haben wir

zumindest vorläufig noch erhebliche Produktivitätsvor-
sprünge, die höhere Löhne rechtfertigen. Die Frage ist
nur, ob diese Vorsprünge so viel höhere Löhne rechtfertigen, wie sie derzeit gezahlt werden. Wenn man fast achtmal so teuer ist wie die Osteuropäer, muss man auch fast
achtmal so gut sein. Ist man nur fünfmal so gut, gibt es
Probleme.

Es geht nicht um Extremlösungen, sondern um die
Nachjustierung der deutschen Kostensituation, eine Art
Feintuning zur Anpassung an die neue internationale Fre-
quenzlage, die sich seit dem Fall des Eisernen Vorhangs
abrupt eingestellt hat. Nicht mehr als das, aber auch nicht
weniger.

# 5.

## DAS DILEMMA DER GLOBALISIERUNG

Was den Deutschen derzeit Schwierigkeiten macht, ist das, was Volkswirte das Gesetz des Faktorpreisausgleichs[24] nennen: Durch die Handelsverbindungen gleichen sich die Kapitalrenditen und die Lohnsätze, eben die Preise der Faktoren Kapital und Arbeit, tendenziell zwischen den Ländern an. Die Globalisierung schafft letztlich einen gemeinsamen Weltmarkt für Arbeit und Kapital, und auf diesem Markt können die riesigen Unterschiede in den Faktorpreisen, die es heute gibt, nicht aufrechterhalten werden. Wenn man sich wehrt und die Unterschiede mit politischen Mitteln verteidigen möchte, gibt es Probleme.

Vom Gesetz des Faktorpreisausgleichs haben die deutschen Arbeiter in der Nachkriegszeit, als unser Land selbst noch am Boden lag und allmählich wieder in das Welthandelssystem integriert wurde, stark profitiert. Damals waren sie die Niedriglöhner, die mit anderen Ländern konkurrierten. Die Konkurrenz mit den satten Amerikanern war eine schöne Sache, denn sie bedeutete für Deutschland eine Lohnanpassung nach oben. Da machte der Kapitalismus noch Spaß, und es gab keinen Grund, sich dem Gesetz des Faktorpreisausgleichs zu widersetzen. Am Wirtschaftswunder konnten sich viele erfreuen. Den amerikanischen Arbeitern war die deutsche Konkurrenz damals zwar nicht besonders lieb, und es erhoben sich

53

Stimmen, die Schutzzölle und andere Handelsbeschränkungen forderten. Aber Deutschland war viel zu klein, als dass die Volkswagen und die anderen Produkte, die wir nach Amerika lieferten, und das amerikanische Kapital, das nach Deutschland floss, ein echtes Problem für Amerika hätten werden können.

Schwieriger für uns wurde die Sache erst in den siebziger Jahren, als wir die Amerikaner bei den Löhnen überholten (vgl. Abbildung 2.2) und uns dann die Japaner als neue Niedriglöhner erhebliche Teile der feinmechanischen und der optischen Industrie abspenstig machten. Unlust verbreitete sich, als in den achtziger Jahren die vielen kleinen asiatischen Tiger dazukamen und nicht nur der Textilindustrie Marktanteile wegnahmen, sondern uns auch bei der Elektronik und Elektrotechnik zusetzten.

Heute, wo es um den Faktorpreisausgleich mit den exkommunistischen Ländern geht, deren Völker mit Hungerlöhnen um das international mobile Kapital buhlen, ist Katerstimmung angesagt. Allein China ist zehnmal Japan, wenn man auf die Bevölkerungsgröße abstellt. Die Chinesen stecken wir nicht so weg wie die Amerikaner seinerzeit uns. Wie auch ihre Kollegen in den anderen westlichen Ländern gehören die deutschen Arbeiter nun zu den Verlierern der Globalisierung, weil die Lohnkonkurrenz ihre Einkommen nach unten drückt, statt sie nach oben zu ziehen.

Die Kräfte des Faktorpreisausgleichs kann keine politische Macht bändigen – jedenfalls keine, die einem einzelnen Land zur Verfügung steht. Wenn ein Land es dennoch versucht, was für ein paar Jahre gelingen mag, schadet es sich selbst, indem es das ganze Wirtschaftssystem herunterzieht, bis der Faktorpreisausgleich letztendlich durch eine kollektive Verarmung erzwungen wird.

Die Kräfte des Faktorpreisausgleichs wirken auf dem

Wege der internationalen Wissensübertragung, der Spezialisierung und der Faktorwanderungen zwischen den Ländern. Sie haben quasi den Charakter von Naturgesetzen, die man ohne einen weltweiten Systemwechsel nicht überwinden kann. Man kann sie beklagen und von einer anderen Weltordnung träumen. Doch wer versucht, sich ihnen zu widersetzen und mit dem Kopf durch die Wand zu stoßen, holt sich eine blutige Nase, sonst gar nichts.

***

Am einfachsten sind die Kräfte des Faktorpreisausgleichs zu verstehen, wenn man den Kapitalverkehr zwischen den Ländern betrachtet. Das Kapital, sei es nun direkt investiertes Firmenkapital oder Finanzkapital, wandert dorthin, wo die Renditen am höchsten sind. Bevorzugtes Zielgebiet sind die Niedriglohnländer, denn die menschliche Arbeit ist der zum Kapital komplementäre Produktionsfaktor. Arbeit braucht Kapital, um sinnvoll zu wirtschaften, doch Kapital braucht ebenso Arbeit. Beide Faktoren sind aufeinander angewiesen.

Betrachten wir das Beispiel von Polen und Deutschland. Indem das Kapital von Deutschland nach Polen wandert, erhöht es dort die Nachfrage nach Arbeitskräften und steigert so die polnischen Löhne. Zugleich bedeutet die Abwanderung aus Deutschland, dass hier die Arbeitsnachfrage fällt, was die deutschen Löhne drückt. Aus beiden Gründen kommt es zu einer Lohnkonvergenz zwischen den Ländern und zugleich auch zu einer Konvergenz der Renditen. Schon Karl Marx hatte diesen Mechanismus mit seinem Gesetz vom Ausgleich der Profitraten erkannt. Umso verwunderlicher ist, dass gerade seine heutigen Jünger dieses Gesetz so vehement bestreiten.

Verhindert man hierzulande die Lohnsenkung durch

Mindestlohnregelungen, gewerkschaftliche Macht und dergleichen, dann geht das Kapital umso schneller nach Polen, weil die Rendite in Deutschland trotz der Abwanderung und Verknappung des Kapitals niedrig bleibt. Deutschland erlebt eine Massenarbeitslosigkeit, das Land hört auf zu wachsen oder schrumpft gar, und der Wirtschaftsaufschwung in Polen beschleunigt sich, bis das polnische Lohneinkommen und auch die anderen wirtschaftlichen Verhältnisse der deutschen Situation angepasst sind.

Wenn Polen, das etwa halb so groß ist wie Deutschland, unser einziger Handelspartner wäre, würde ein einigermaßen glimpfliches Stagnationsszenario so aussehen: Wir halten einfach an und warten, bis uns die Polen erreicht haben. Danach wachsen wir beide wieder wie früher. Aber es geht ja nicht nur um Polen. Die exkommunistischen Niedriglohnländer, die nun um das deutsche Kapital buhlen, haben so extrem viele Menschen – wie gesagt: ein gutes Viertel der Menschheit –, dass bei einer Politik der Lohnverteidigung mit gesetzlichen Mitteln in Wahrheit eine Katastrophe zu erwarten ist. Auch wenn nämlich Deutschland sein gesamtes Kapital dem Rest der Welt zur Verfügung stellen würde, läge das Lohnniveau im Rest der Welt noch nicht annähernd auf dem deutschen Niveau. Die Renditen blieben anderswo immer noch viel höher als in Deutschland.[25]

***

Nun könnten Politiker zur Abwendung dieser Gefahren auf die Idee kommen, die Kapitalflucht mit politischen Maßnahmen zu verbieten, also das bereits vorhandene Kapital in Gefangenschaft zu nehmen. Abgesehen davon, dass diese Maßnahme verheerende Konsequenzen für das gesamte Staatswesen hätte und einen Austritt aus der EU und der europäischen Währungsunion verlangen würde, würde freilich auch sie die Kräfte des Faktorpreisausgleichs nicht bändigen können.

Unter gewissen Bedingungen hat nämlich schon der Güterhandel allein eine Verringerung der Lohnunterschiede zur Folge. Der Grund ist, dass sich die Länder auf die Produktion jener Güter spezialisieren, bei deren Produktion vor allem jener Produktionsfaktor benötigt wird, der in dem jeweiligen Land reichlich vorhanden ist.

Für das Verständnis der Zusammenhänge ist es nützlich, zwischen kapitalintensiv und arbeitsintensiv produzierenden Sektoren zu unterscheiden. Kapital und Arbeit sind die wesentlichen Produktionsfaktoren der Wirtschaft. Da die verschiedenen Sektoren der Wirtschaft ganz unterschiedliche Produktionsverfahren nutzen, gibt es im Hinblick auf die Kapitalintensität der Produktion, also das Einsatzverhältnis von Kapital und Arbeit, in der Regel erhebliche Sektorunterschiede. So ist zum Beispiel die Containerschifffahrt, die eine deutsche Domäne ist, extrem kapitalintensiv, während die Bekleidungsindustrie sehr arbeitsintensiv produziert. Pro Arbeiter wird bei Ersterer zigmal so viel Kapital wie bei Letzterer gebraucht. Zwischen den anderen Sektoren sind die Unterschiede meistens geringer, aber doch substanziell.

Bei dem Begriff der Kapitalintensität denken Volkswirte aber nicht nur an den Sachkapitaleinsatz, sondern auch an den Einsatz von »Humankapital«, also an einen hohen Wissensstand in den Köpfen gut ausgebildeter Mitarbeiter. In der Praxis geht Kapitalreichtum im engeren Sinne häufig mit dem Vorhandensein einer Elite gut ausgebildeter Fachkräfte einher. Deshalb wird der Kapitalbegriff in einem das Sach- und Humankapital umfassenden Sinne verwendet, während mit dem Begriff Arbeit nur die einfache Arbeit gemeint ist. Zu den in diesem Sinne kapitalintensiven Sektoren wird beispielsweise die Kunststoff verarbeitende Industrie, die Luftfahrt, der Maschinenbau oder die Chipindustrie gezählt, und zu den arbeitsintensiven Industrien gehören neben der Bekleidungsindustrie zum Beispiel die Holzverarbeitung, die Lederindustrie oder das Gastgewerbe inklusive Tourismus.

Die kapitalreichen Hochlohnländer spezialisieren sich unter dem Einfluss des Handels auf kapitalintensiv produzierte Güter, also solche, bei denen relativ wenig einfache Arbeit pro Einheit Kapital eingesetzt wird. Und die kapitalarmen Länder spezialisieren sich umgekehrt auf jene Güter, bei denen pro Einheit Kapital relativ viel Arbeit verwendet wird. Dies bringt allen Ländern Handelsgewinne, weil sich alle auf das spezialisieren, was sie wegen ihrer spezifischen Faktorausstattungen besonders gut können. Die Folge der Spezialisierung ist freilich, dass die Nachfrage nach Arbeitskräften in den kapitalreichen Ländern fällt und in den kapitalarmen Ländern steigt, was bei flexiblen Löhnen ebenfalls zu einer Lohnkonvergenz führt.

Um zu verstehen, warum das der Fall ist, betrachten wir wieder das Beispiel Deutschland und Polen. Deutschland ist ein kapitalreiches Hochlohnland, und Polen ist ein arbeitsreiches Niedriglohnland. Da Deutschland sich auf die kapitalintensiven Produktionsprozesse spezialisiert, schrumpfen seine arbeitsintensiven Sektoren und geben ihre Arbeitskräfte und ihr Kapital frei, das dann in die kapitalintensiven Sektoren wandert. Die deutsche Möbelindustrie schrumpft, und die deutsche Chipindustrie wächst. Da die Chipindustrie pro Einheit Kapital weniger Arbeiter einstellt, als in der Möbelindustrie freigesetzt werden, entsteht per saldo ein Überschuss an zunächst nicht mehr benötigten Arbeitern. Bei flexiblen Arbeitsmärkten würde das zu einer Lohnsenkung führen, und als Ergebnis würden wieder neue Stellen geschaffen, weil sowohl der Rest der in Deutschland verbliebenen Möbelindustrie als auch die Chipindustrie weniger kapitalintensiv arbeiten würden. Die Lohnsenkung ist ein notwendiges Korrektiv zur Vermeidung von Arbeitslosigkeit, denn sie veranlasst alle Sektoren, ob sie nun grundsätzlich kapital- oder arbeitsintensiv produzieren, ihre technischen Produktionsverfahren zu ändern und weniger kapitalintensiv zu produzieren, als es ohne die Handelsöffnung der Fall gewesen wäre.

Im arbeitsreichen Land, also Polen, das anfangs über sehr niedrige Löhne verfügt, ist es genau umgekehrt. Dort führt die Spezialisierung auf arbeitsintensive Prozesse zu einer Zunahme der Nachfrage nach Arbeitern. Diese Zunahme kann wiederum nur durch eine entsprechende Lohnsteigerung abgebaut werden, denn sie veranlasst alle Sektoren, kapitalintensivere, nämlich die einfache Arbeit ersetzende Produktionsverfahren zu verwenden.

Wie weit dieser zweite Mechanismus, also die Annäherung der Faktorpreise allein aufgrund der geänderten Sektorstrukturen, führen wird, ist eine empirische Frage. Er hat seine Grenzen dort, wo sich zumindest ein Land vollständig spezialisiert. Aber wenn die Kapitalmobilität zur Änderung der Sektorstruktur hinzutritt, dann werden die Kräfte des Faktorpreisausgleichs übermächtig und führen zu einer sehr weit gehenden Annäherung der Lohnsätze.

\*\*\*

Ob aus der Annäherung je eine vollkommene Angleichung wird, kann dahingestellt bleiben. Die heutigen Lohnunterschiede sind noch so riesig, und die Prozesse, um die es hier geht, verlaufen so langsam, dass es vorläufig keinen Unterschied macht, wie weit die Angleichung der Löhne letztlich führen wird.

Abgeschwächt wird die Tendenz zum Faktorpreisausgleich insbesondere dann, wenn sich technische Erfindungen in einem Gebiet konzentrieren und das entsprechende Wissen nur mit Verzögerung in andere Länder übertragen wird. Das gibt den Ländern des Westens eine Chance, einen Teil ihrer Lohnvorsprünge längerfristig zu verteidigen. Aber die Diffusionsgeschwindigkeit für technologische Neuerungen ist in der globalen Informationsgesellschaft hoch. Nicht einmal Patente bieten den Arbeitnehmern noch Schutz. Niemand hindert schließlich die Patentinhaber daran, ihr geschütztes Wissen in Niedriglohnländern zu verwerten oder Lizenzen an Firmen zu vergeben, die dort arbeiten. Bislang hat Deutschland sein technisches Wissen zum Vorteil der Welt stets sehr rasch exportiert. Deutschland gehörte nach einer amerikanischen Studie noch in den achtziger Jahren zusammen mit den USA und Japan zu den drei Ländern, von deren gemeinsamen Erfindungen mehr als 50% des durch Innovationen getriebenen Wachstums der westlichen Welt erklärt wurden.[26]

Dass Deutschland seinen heutigen Produktivitätsvorsprung durch stets neue Erfindungen gegenüber den ehemals kommunistischen Ländern wird aufrechterhalten können, ist kaum vorstellbar, denn die Kräfte des Faktorpreisausgleichs wurden ja erst vor kurzem durch den Fall des Eisernen Vorhangs freigesetzt. Das Gleichgewicht zwischen den Ländern ist noch lange nicht gefunden. Es ist, als ob zwischen zwei bislang getrennten Seengebieten eine Schleuse geöffnet wurde. Obwohl der Wasserstand in dem einen Seengebiet durch einen kräftigen Zufluss neuen Wassers nachgefüllt wird, bleibt es ganz bestimmt nicht bei den riesigen Unterschieden, die heute, kurz nach der Öffnung der Schleuse, noch bestehen.

Das ist insbesondere auch deshalb nicht zu erwarten,

weil es auch bei den anderen Seengebieten direkte Zuflüsse gibt. Die Osteuropäer und Asiaten sind nicht auf den Kopf gefallen. Sie werden unsere Technologien nicht nur imitieren, sondern mehr und mehr eigene Entwicklungen hinzufügen. Dazu trägt bei, dass manche Firmen des Westens mittlerweile sogar schon dazu übergehen, ihre Forschungs- und Entwicklungsabteilungen in Niedriglohnländer zu verlagern.[27] Der Faktorpreisausgleich wird auch deshalb nie im strengen Sinne perfekt sein, weil es immer irgendwelche Standortunterschiede gibt, die dauerhafte Lohnunterschiede implizieren. In dem Maße, wie noch ein Vorsprung bei der Infrastruktur, beim Rechtssystem, beim technischen Wissen und bei anderen Standortfaktoren besteht, lassen sich Lohnunterschiede verteidigen, aber eben nur in dem Maße. Wer sagt, Deutschland bräuchte sich um das Lohnthema nicht zu kümmern, weil es die Lohnkonkurrenz mit China ohnehin nicht bestehen könne, hat diesen Zusammenhang nicht begriffen.

***

Zur Geschwindigkeit der Lohnkonvergenz gibt es unterschiedliche Informationen. Die in Westeuropa während der letzten 30 Jahre beobachtbare Konvergenzgeschwindigkeit im Sinne der so genannten Sigma-Konvergenz lag bei etwas mehr als 1% pro Jahr.[28] Die Lohnlücke schrumpfte also jedes Jahr um 1% ihres jeweiligen Vorjahreswerts. Das entspricht einer Halbwertszeit für die Schließung der Lohnlücken von etwa 60 Jahren.[29] Selbst wenn man unterstellt, dass die Konvergenzgeschwindigkeit in Osteuropa 2% pro Jahr beträgt, wie es in Studien von Robert Barro und Xavier Sala-i-Martin für andere Regionen und Zeiträume als empirische Regelmäßigkeit gefunden wurde,[30] wird die Halbwertszeit immer noch 35 Jahre betragen. Die Lohnkosten der osteuropäischen Beitrittsländer werden dann im Jahr 2020 erst bei 37% und im Jahr 2030 bei 49% der westdeutschen Lohnkosten angekommen sein. Kurzum: Es wird eine ganze Generation dauern, bis die osteuropäischen Länder im Verhältnis zu Westdeutschland dort stehen, wo die iberischen Länder schon beim EU-Beitritt standen.

Wie im vorigen Kapitel erläutert, betrugen die Lohnkosten Spaniens und Portugals beim EU-Beitritt durchschnittlich 48% der westdeutschen Lohnkosten. Falsch liegen deshalb alle, die behaupten, die Osterweiterung der EU werde so ähnlich wie die Südwesterweiterung verlaufen: Wir schafften sie sozusagen »mit links«. So einfach wird die Integration diesmal nicht vonstatten gehen. Dazu sind die Unterschiede noch viel zu groß.

Die chinesischen Lohnkosten werden im Falle einer 2-prozentigen Sigma-Konvergenz übrigens im Jahr 2020 bei 34% und im Jahr 2030 bei 46% der westdeutschen Lohnkosten liegen. Bei 50% werden sie im Jahr 2034 angekommen sein.

Zwei Prozent Konvergenzgeschwindigkeit klingt gering, ist aber viel. Eine einprozentige Konvergenz entspricht in Osteuropa gegenwärtig einer Wachstumsrate von 5,5%, und eine zweiprozentige Konvergenz entspricht gegenwärtig einer Wachstumsrate von 11%. Der gewogene Durchschnitt der Wachstumsraten der neuen EU-Beitrittsländer wird nach einer Prognose der EU in den Jahren 2004 bis 2006 etwa 4,6% betragen. Insofern ist derzeit eher zu erwarten, dass die Konvergenz sich noch etwas langsamer vollzieht als oben geschätzt.

Ob das die Dinge für uns erleichtert oder erschwert, ist nicht ganz klar. Einerseits könnte man sagen, dass eine schnelle Konvergenz das Problem der Niedriglohnkonkurrenz schnell beseitigt, nach dem Motto: Nach ein paar Jahren sind die Polen auf unserem Niveau, und dann ist das Problem ausgestanden. Andererseits bedeutet eine schnelle Konvergenz zwischendurch besonders hohe Anpassungslasten für Deutschland, weil sie die Wahrscheinlichkeit vergrößert, dass unsere Löhne nicht nur gegen einen wachsenden Trend, sondern sogar absolut fallen müssen. Insofern sollten wir uns freuen, wenn die Konvergenz etwas langsamer vonstatten geht.

Deutschland muss die Lohnkonvergenz hinnehmen, so unangenehm sie ist. Jeder Versuch, sie durch künstliche Eingriffe in das Marktgeschehen aufzuhalten – sei es durch die Macht der Gewerkschaften, Mindestlohnschranken oder die Lohnkonkurrenz des Sozialstaats –, richtet großen Schaden an. Er erzeugt Arbeitslosigkeit und verhindert die Handelsgewinne, die aus der Verbesserung der internationalen Arbeitsteilung resultieren können. Handelsgewinne resultieren daraus, dass wir uns auf die kapitalintensiv produzierten Güter spezialisieren, aber genau diese Spezialisierung vermindert die deutsche Arbeitsnachfrage und erzeugt den Lohndruck. Der Mechanismus, der Deutschland Vorteile aus der Verbesserung der internationalen Arbeitsteilung bringt, ist exakt derselbe wie jener, der die Löhne hierzulande senkt. Blockiert man die Lohnsenkungen, blockiert man auch die Handelsgewinne.

\*\*\*

Vielleicht ist hier eine grundsätzliche Bemerkung zum Thema Handelsgewinn angebracht. Ein Handelsgewinn kommt dadurch zustande, dass auf zwei Märkten unterschiedliche Preise vorliegen. Die Händler kaufen auf dem Markt mit niedrigen Preisen und verkaufen auf dem Markt mit hohen Preisen. Sie betreiben das, was Ökonomen

»Arbitrage« nennen. Die Arbitrage erzeugt einen volkswirtschaftlichen Vorteil, weil die so genannten marginalen
Produktionskosten, also die Produktionskosten für eine
weitere Einheit des Gutes, in jedem Land den jeweiligen
Preisen entsprechen und der Handel zur Produktionsverlagerung in das Niedrigpreisland führt: Ein Teil der Produktion des Landes mit den hohen marginalen Kosten
wird durch die Produktion des Landes mit den niedrigen
marginalen Kosten ersetzt, und dadurch fällt die Summe
der Produktionskosten beider Länder. Die Senkung der
Produktionskosten verkörpert den volkswirtschaftlichen
Vorteil oder Handelsgewinn.

Ist das Handelsvolumen noch klein, fließt fast der gesamte volkswirtschaftliche Vorteil den Händlern in Form
entsprechender Gewinne zu. Doch die Konkurrenz der
Händler dehnt den Handel aus, bis sich die Preise fast
angeglichen haben. Dadurch versiegen die Gewinne der
Händler weitgehend. Sie verschwinden aber nicht aus den
beteiligten Volkswirtschaften, sondern übertragen sich
nur auf andere Wirtschaftssubjekte. Die volkswirtschaftlichen Handelsgewinne erreichen sogar ein Maximum,
wenn die Preise sich durch die Arbitrage angeglichen
haben, denn dann sind auch die marginalen Produktionskosten gleich. In dieser Situation ist es nicht mehr möglich, die gemeinsamen Produktionskosten beider Länder
zusammengenommen durch eine weitere Produktionsverlagerung noch weiter zu verkleinern. Jedes der beteiligten
Länder spezialisiert sich dann auf die Produktion jener
Waren, die es relativ billig produzieren kann, und damit
erzielen alle Länder Vorteile. Das hat schon David Ricardo vor 200 Jahren festgestellt.

Preisunterschiede begründen also die Möglichkeit für
Handelsgewinne, aber indem die Händler versuchen, diese Gewinne zu realisieren, nähern sich die Preise aneinan-

der an. Die Preisannäherung kann geradezu als ein Maß für die Handelsgewinne, für die Wohlfahrtsgewinne aus einer Verbesserung der internationalen Arbeitsteilung angesehen werden.

Und das gilt nicht nur für Güter, sondern auch für die Produktionsfaktoren Arbeit und Kapital. Wenn sich die kapitalreichen Länder auf kapitalintensive Produktionsprozesse und arbeitsreiche Länder auf arbeitsintensive Produktionsprozesse spezialisieren, können sie beide Handelsgewinne erzielen, doch nähern sich ihre Lohnsätze genau deshalb aneinander an. Faktorpreisausgleich und Handelsgewinne sind zwei Seiten derselben Medaille.

Natürlich kann das Hochlohnland versuchen, sich gegen den Faktorpreisausgleich zu stemmen und seine Löhne gegen den Markttrend zu verteidigen. Die Gewerkschaften können unnachgiebig sein, und der Staat kann Mindestlöhne einführen, wie es in Deutschland diskutiert wird. Aber dann wird die verminderte Nachfrage nach Arbeitskräften, die durch die Spezialisierung auf die kapitalintensiven Güter entsteht, nicht durch eine gegenläufige Entwicklung hin zu weniger kapitalintensiven Produktionsverfahren kompensiert, und es entsteht Arbeitslosigkeit. Arbeitslosigkeit bedeutet, dass eine wichtige ökonomische Ressource, eben die menschliche Arbeitskraft, ungenutzt bleibt. Handelsgewinne sind unter diesen Umständen nicht mehr zu erwarten.

Handelsgewinne und Faktorpreisausgleich gehen Hand in Hand. Man kann das Eine nicht ohne das Andere haben. Deshalb gibt es Handelsgewinne in der Regel nur in dem Sinne, dass die Gewinner mehr gewinnen, als die Verlierer verlieren. Dass die Gesellschaft das nicht akzeptiert, wenn die Zahl der Verlierer groß und politisch gut organisiert ist, liegt auf der Hand.

Das ist ein wahres Dilemma für die Länder der westlichen Welt, und für Deutschland, das Hochlohnland par excellence, ganz besonders. Am liebsten hätten wir Handelsgewinne und Vollbeschäftigung ohne negative Konsequenzen für die Lohnentwicklung. Doch das geht so leider nicht, aller Sonntagsreden der Politiker aus Berlin und Brüssel zum Trotz.

Wenn wir die Lohnsenkung verhindern, gibt es keine Handelsgewinne. Stattdessen steigt die Massenarbeitslosigkeit immer weiter. Und wenn wir die nötige Lohnflexibilität zulassen, dann gibt es zwar Handelsgewinne, doch zugleich erhebliche Verluste für viele. Der Kuchen, der für alle zu verteilen ist, wird zwar größer, doch bekommen sehr viele Menschen ein absolut kleineres Stück davon. Die Gewinner der Globalisierung bekommen den ganzen Handelsgewinn und zusätzlich noch einen Teil des Kuchenstücks der Verlierer.

Die Gewinner der Globalisierung sind die Unternehmenseigner und Vermögensbesitzer, denn sie besitzen den knapper gewordenen Produktionsfaktor Kapital, um den sich nun alle Welt reißt. Natürlich hilft es ihnen, wenn sie ihre Produktion nun in Polen zu einem Achtel der westdeutschen Lohnkosten realisieren können (vgl. Abbildung 4.1), während ihnen für den Absatz ja nach wie vor der gesamte europäische Binnenmarkt, wenn nicht der Weltmarkt, zur Verfügung steht. Auch profitieren sie, wenn sie weiter hier produzieren und die deutschen Löhne durch die polnische Konkurrenz unter Druck geraten.

Die Verlierer sind die deutschen Arbeiter. Wer eine Arbeitsleistung anbietet, die die Unternehmen im Ausland deutlich billiger einkaufen können, der kann nicht zu den Gewinnern der Globalisierung gehören.

Leider sind sehr viele Menschen betroffen, sicherlich die ungelernten Industriearbeiter, für die die Gewerkschaften in den vergangenen Jahrzehnten sehr hohe

Lohnsteigerungen herausholen konnten und die heute in Westdeutschland so ziemlich die höchsten Stundenlohnkosten auf der ganzen Welt verursachen. Als Konkurrenten der chinesischen und polnischen Arbeiter tragen sie die Last der Lohnanpassung. Sie haben die Wahl zwischen einer Verteidigung der Löhne bei wachsender Arbeitslosigkeit und einem Erhalt der Arbeitsplätze bei fallenden Löhnen.

Nur hoch qualifizierte Arbeitnehmer, die eher Komplemente der vielen Menschen sind, die ihre Arbeit weltweit zu Spottpreisen anbieten, könnten wie die Unternehmens- und Kapitaleigner zu den Gewinnern gehören. Sie verfügen über wertvolles Humankapital, das wegen der Globalisierung im Vergleich zur einfachen Arbeit eher knapper geworden ist. Dass dieser Vorsprung nicht früher oder später von den Osteuropäern oder Chinesen eingeholt wird, kann freilich niemand garantieren. Schließlich sind auch dort Qualifikation und Cleverness keine Fremdwörter. Im Endeffekt wird sich die Konkurrenz zunehmend auch auf den Bereich der höheren Bildung ausdehnen.

Auf welchem Qualifikationsniveau sich die Spreu vom Weizen trennt, wer also zumindest vorläufig von der Globalisierung profitiert und wer unter ihr leidet, ist eine empirische Frage. Nach einer Studie von Ingo Geishecker und Holger Görg gehören jedenfalls nicht nur die einfachen Arbeiter zu den Verlierern, sondern auch schon Personen mit einem Hauptschulabschluss und einer abgeschlossenen Berufsausbildung.[31] Die Zahl der Verlierer ist deshalb sicherlich riesig. Nur die Hochschulabgänger zählen als Eigentümer besonderen Humankapitals derzeit wie die Vermögensbesitzer zu den Gewinnern.

All dies verletzt das Gerechtigkeitsgefühl der Deutschen zutiefst. Löhne, so denken die meisten, müssen auch in der Marktwirtschaft nach Gerechtigkeitsvorstellungen festgelegt werden. Und die haben wenig damit zu tun, ob die Polen und Chinesen nun ebenfalls am Welthandel beteiligt sind. Doch der Markt ist auf dem Auge der Gerechtigkeit blind. Er entlohnt nicht nach Verdienst, sondern nach Knappheit. Jeder Versuch, die Löhne anders zu strukturieren, als es das Gesetz der Knappheit diktiert, endet zwangsläufig in wirtschaftlichen Verzerrungen und Arbeitslosigkeit. Wer diejenigen verteuert, denen der Markt von alleine keine hohen Einkommen verschafft, bestraft sie durch Arbeitslosigkeit. Das Gleiche tut derjenige, der die Löhne von Menschen festzurren will, die sich nun der Niedriglohnkonkurrenz der Polen, Tschechen und Chinesen ausgesetzt sehen.

\*\*\*

Die Deutschen wollen das nicht wahrhaben. Mit allem, was ihnen heilig ist, stemmen sie sich deshalb heute gegen das Gesetz des Faktorpreisausgleichs. Die Gewerkschaften verbarrikadieren sich für die große Verteidigungsschlacht, die Politik denkt über Mindestlöhne nach, und der Sozialstaat blockiert die nötigen Lohnanpassungen nach unten mit seinen Lohnersatzleistungen. Abgeleitet von den Löhnen der Vergangenheit bietet er mit seinen Hilfen für Arbeitslose und den Frühverrentungsmöglichkeiten vergleichsweise hohe Konkurrenzlöhne für das Nichtstun. Die private Wirtschaft kann diese Löhne wegen der internationalen Niedriglohnkonkurrenz nicht mehr überbieten, und sie mag es angesichts der eigenen Optionen im Osten auch nicht mehr. Von der Hochlohnkonkurrenz des deutschen Sozialstaats auf dem Arbeitsmarkt und der Niedriglohnkonkurrenz auf den internationalen Absatzmärkten in die Zange genommen, werden die deutschen Arbeitsplätze sukzessive aus dem Marktsystem herausgedrückt.

Da immer weniger Menschen arbeiten, lahmt das Wachstum, und da zugleich immer mehr Menschen von anderen ernährt werden müssen, kommt der Sozialstaat in die Krise. Von neuen Handelsgewinnen durch die Osterweiterung der Union oder durch die Globalisierung keine Spur. Viele schöne Sprüche, die von der EU und sonst woher kommen, doch wenig dahinter.

# 6.

## Blüm gegen China

Deutschland hat in den letzten 30 Jahren das Unmögliche versucht: Es hat sich gegen die Kräfte des Faktorpreisausgleichs gestemmt und Lohnsteigerungen durchgesetzt, die der internationalen Wettbewerbslage in keiner Weise entsprachen. Ludwig Erhards Mahnung, Maß zu halten, wurde durch die Losung der SPD, die Marktwirtschaft einem Belastungstest zu unterziehen, ersetzt. Die aggressive Lohnpolitik der siebziger Jahre, die unsere Lohnkosten in der Industrie zu den höchsten der ganzen Welt machte (Abbildung 2.2) und zum Überholen der USA und schließlich sogar Schwedens führte, hat die Arbeitslosigkeit erzeugt, die wir heute beklagen (Abbildung 2.1). Wir wollten mit dem Kopf durch die Wand – und haben uns eine blutige Nase geholt.

Die Wirtschaft wurde durch diese Politik in einem solchen Maße geschädigt, dass wir zum Schlusslicht beim Wachstum wurden und schon dadurch in den Faktorpreisausgleich hineingezwungen werden. Mit dem Nachlassen der wirtschaftlichen Dynamik unseres Landes könnte nun die Phase beginnen, in der verschiedene Länder, die relativ zu ihrer Wirtschaftskraft niedrigere Lohnkosten als wir haben, allein schon wegen ihres Wachstums an uns vorbeiziehen werden. So hat sich Dänemark, wie in Kapitel 2 gezeigt wurde, in letzter Zeit knapp vor Deutschland geschoben und führt im Jahr 2004 die Lohnkostenskala vor Westdeutschland mit einer Nasenlänge Vorsprung von 2 % an, doch das dänische Sozialprodukt pro Kopf liegt bereits um 28 % über dem westdeutschen Niveau und um 35 % über dem gesamtdeutschen Niveau. Da das Land mit etwa 2 % pro Jahr im Trend schneller wächst als Deutschland, wo kaum mehr als 1 % erwartet werden kann, wird sich der Lohnabstand zwischen Dänemark und Deutschland im Lauf der nächsten Jahre voraussichtlich vergrößern. Vielleicht überholt uns eines Tages sogar Irland. Im Jahr 2004 lagen die irischen Lohnkosten bei nur 68 % der westdeutschen Lohnkosten (Abbildungen 2.2 und 4.1), doch das irische Sozialprodukt je Kopf war bereits um 8 % höher als das westdeutsche und um 14 % höher als das gesamtdeutsche Sozialprodukt pro Kopf, und immer noch wächst das Land mit einer Rate von etwa 4 % pro Jahr.

***

Die Deutschen, die den Sozialismus erfunden und ihn dann über die Welt verbreitet haben, haben eine extreme Präferenz für Gleichheit. Der Bundesrichter Udo Steiner hat davon gesprochen, dass wir »gleichheitskrank«[32] seien. Wir lassen nicht zu, dass die Kräfte der Globalisierung die Reichen bei uns immer reicher machen und die Löhne der Arbeiter unter Druck setzen, wie es den Gesetzen der Marktwirtschaft in dieser Phase der deutschen Geschichte entspricht. Dass die Arbeitermassen der Dritten Welt die großen Profiteure der Globalisierung sind und sich nun endlich unserem Wohlstand annähern können, beruhigt uns überhaupt nicht. Handelsgewinne durch die Globalisierung, die bei uns vor allem den Kapitalbesitzern zugute kommen und durch Umverteilungsgewinne zu Lasten der Arbeitnehmer zusätzlich noch vergrößert werden, sind in der öffentlichen Wahrnehmung offenbar schlechter als keine Handelsgewinne. Wenn wir runter müssen, dann alle! So lautet die Devise.

Es ist nicht auszuschließen, dass sich das deutsche Volk bei den Wahlen der nächsten Jahre nach dieser Argumentation richten wird. Parteien, die sie mehr oder weniger offen vertreten, gibt es ja. Ein solches Denken ignoriert freilich, dass der gewählte Weg recht schnell in den Abgrund führen könnte. Dann wäre auch der Lebensstandard derjenigen dahin, die man schützen möchte, und fiele weit unter das Niveau, das bei einer Hinnahme einer größeren Ungleichheit der Einkommen zu erwarten wäre.

Die zitierten Informationen über das wirtschaftliche Wachstum zeigen, dass der gegenteilige Ansatz besser wäre. Sogar die Löhne selbst wären bei einer zunächst zurückhaltenden Lohnpolitik später höher. Vor allem aber spricht der verheerende Trend der deutschen Arbeitslosigkeit für eine andere Politik. Arbeitslosigkeit führt zur Demoralisierung weiter Bevölkerungskreise. Sie ist nicht nur für die betroffenen Menschen selbst, sondern für die gesamte Gesellschaft ein großer Schaden mit erheblichen Nachwirkungen für nachfolgende Generationen. Man denke nur an die vielen Kinder, die mit der Arbeitslosigkeit aufwachsen und schon früh an das Leben am Tropf des Sozialstaats gewöhnt werden. Es sind nicht die niedrigen Lohneinkommen, die heutzutage Unterschichten erzeugen. Schuld ist die Arbeitslosigkeit, die wegen der viel zu hohen Lohnforderungen der letzten Jahrzehnte grassiert. Die Unterschichten können vielleicht eines Tages nicht mehr in die Gesellschaft eingegliedert werden; der Keim sozialen Aufruhrs ist dort gelegt.

Um wie viel besser würde doch Deutschland dastehen, wenn es sich nicht durch die Lohnpolitik der Gewerkschaften hätte verführen lassen und Erhards Weg der Bescheidenheit weiter gegangen wäre. Dann hätte die Massenarbeitslosigkeit vermieden werden können, und die immensen Kosten dieser Arbeitslosigkeit, sei sie nun versteckt oder offen, hätten nicht auf die Bürger umgelegt werden müssen.

\*\*\*

Die Arbeitslosigkeit hat unser Land in eine finanzielle Krise geführt, die wir schon jetzt kaum noch beherrschen. Die öffentlichen Kosten der Arbeitslosigkeit lagen im Jahr 2003, wenn man die Ausgaben der Arbeitsförderung und der Sozialhilfe zusammenrechnet, bei 101,3 Milliarden Euro.[33] Diese Kosten traten zu den sonstigen Kosten des Sozialbudgets hinzu, das mit 694 Milliarden Euro in der Summe aller Posten fast ein Drittel des Bruttoinlandsprodukts ausmachte. Nicht weniger als 41% der erwachsenen Deutschen leben schon heute von staatlichen Transfers – also Einkommen, die von anderen verdient und ihnen durch das staatliche Abgabensystem weggenommen wurden –, in den neuen Bundesländern sind es gar 47%.[34] Der Staat insgesamt verbrauchte im Jahr 2004 mehr als die Hälfte aller in Deutschland erwirtschafteten Einkommen (Nettoinlandsprodukt), nämlich 55,2%, für seine Zwecke. Dabei lebt er erheblich über seine Verhältnisse, denn er verschuldet sich Jahr um Jahr um weit mehr als 3% des Bruttoinlandsprodukts und verletzt sogar die Schuldengrenze des europäischen Stabilitäts- und Wachstumspakts. Der Schuldenberater wurde von der EU schon entsandt, und das Verfahren ist anhängig.

Verantwortlich für diese Entwicklung sind nicht nur die Gewerkschaften und Arbeitgeberverbände, die die Löhne vereinbart haben, die zu diesen Konsequenzen führten, sondern auch der Staat selbst. Einerseits hat er die »Kollateralschäden« der Hochlohnpolitik beseitigt, indem er die Arbeitslosen unter seine Fittiche nahm. Damit hat er die Hochlohnpolitik legitimiert und ermöglicht; und er hat die Lohnnebenkosten erhöht, was die Arbeitslosigkeit zusätzlich vergrößerte. Andererseits hat er durch sein Lohnersatzsystem der privaten Wirtschaft auf dem Arbeitsmarkt so viel Konkurrenz gemacht, dass allein schon dadurch die Lohnforderungen hochgetrieben wurden.

\*\*\*

Symptomatisch für die Fehler der Politik sind die Frühverrentungs- und Vorruhestandsmodelle, die unabänderlich mit dem Namen des ehemaligen Arbeitsministers Norbert Blüm verbunden sind. Die Grundthese der blümschen Politik war, dass den Deutschen aufgrund irgendwelcher nicht beeinflussbarer wirtschaftlicher Prozesse die Arbeit ausgehe und dass man deshalb die vorhandene Arbeit durch staatliche Mithilfe besser verteilen müsse. Die Frühverrentung schien das ideale Instrument dafür zu sein. Die älteren Arbeitnehmer wurden frühzeitig aus dem Arbeitsleben herausgezogen und vom Staat versorgt, um so Platz für Jüngere zu schaffen. Wenn schon zu wenig Arbeit da ist, so war die Devise, dann sollen die Älteren weniger arbeiten und ihre Arbeitsplätze den Jüngeren überlassen. Außerdem gab es einen schönen Nebeneffekt für die nächsten Wahlen: Die Arbeitslosenzahlen wurden gesenkt. Rentner zählen nun einmal nicht als arbeitslos.

Auf die Idee, dass die Menge an verfügbarer Arbeit irgendetwas mit ihrem Preis zu tun haben könnte, kam damals niemand in der Regierung. Die Grundregel der Marktwirtschaft, wonach die Nachfrage steigt, wenn der Preis fällt, wurde tabuisiert, weil man es sich mit den Gewerkschaften nicht verderben wollte. Der Flächentarifvertrag, der den Gewerkschaften die Möglichkeit gibt, Arbeitnehmer zu einem Lohnkartell zusammenzuschließen, wurde genauso wenig angetastet wie das Günstigkeitsprinzip, das den Betrieben Abweichungen von den Tarifverträgen nach oben, nicht aber nach unten erlaubt.

Diese Politik hat nicht funktioniert. Norbert Blüm hat seinen Kampf gegen die Konkurrenz Chinas und all die anderen Niedriglöhner, die inzwischen auf der Bildfläche erschienen sind, verloren. 20 Jahre hat Deutschland wegen dieses aus ökonomischer Sicht unsäglich dummen Programms verloren, bis den Bürgern allmählich dämmert, dass sie auf einen Holzweg geführt wurden. 1984 führte Blüm die Vorruhestandsregelung ein und 1996 die Altersteilzeit. Obwohl dadurch das durchschnittliche Alter des Renteneintritts wegen verminderter Erwerbsfähigkeit von 55,9 Jahren (1984) auf 50,1 Jahre (2003) sank und obwohl 2004 insgesamt etwa 1,02 Millionen Personen im Vorruhestand waren oder von der Altersteilzeit Gebrauch machten,[35] ist die Zahl der Arbeitslosen noch gestiegen. In den 20 Jahren seit Einführung des Vorruhestands nahm sie in Gesamtdeutschland um gut 2 Millionen (von 2,27 Millionen auf 4,38 Millionen) und in Westdeutschland ohne Berlin um eine halbe Million zu (von 2,25 Millionen auf 2,78 Millionen).

Bei diesen Zahlen ist noch nicht berücksichtigt, dass auch unter den Sozialhilfeempfängern (Ende 2003 insgesamt 2,8 Millionen) in erheblichem Umfang Arbeitslose versteckt waren, die nicht als solche registriert waren. Die Bundesagentur für Arbeit beziffert die im Jahr 2005 aufgrund der Hartz-IV-Gesetzgebung zu verzeichnende Zunahme der Arbeitslosenzahl durch Sozialhilfeempfänger und Familienangehörige von Arbeitslosenhilfeempfängern mit 380.000. So groß wird zuvor die Dunkelziffer der arbeitsfähigen Sozialhilfeempfänger gewesen sein.

Hinzu kommen weitere versteckte Arbeitslose. Man rechnet mit einer stillen Reserve von ca. 420.000 Personen, die keine staatliche Unterstützung bekommen und ihre Suche nach einem Arbeitsplatz aufgegeben haben oder den Eintritt ins Erwerbsleben verzögern (Schüler oder Studenten, die den Abschluss wegen der Arbeitsmarktsituation hinauszögern). In keiner Statistik mitgezählt werden des Weiteren Personen in staatlich geförderter Vollzeit-Weiterbildung oder in subventionierter Beschäftigung wie ABM oder Strukturanpassungsmaßnahmen. Nach einer Schätzung des Sachverständigenrats umfasst diese Gruppe ca. 610.000 Personen.[36] Unter Einschluss dieser Gruppen dürfte die Zahl der Arbeitslosen in Deutschland im Jahr 2004 ca. 5,8 Millionen betragen haben. Rechnet man die Frührentner und die Personen in Altersteilzeit aus der blümschen Versteckaktion hinzu, kommt man auf sogar 6,8 Millionen. Das entspricht einer Arbeitslosenquote von 15,5 %, wenn man die Zahl der Erwerbspersonen entsprechend korrigiert.

Die Politik Blüms war erfolglos, weil der Arbeitskuchen entgegen seiner Annahme nicht konstant war, sondern durch diese Politik verkleinert wurde. Zum einen hat sie die Arbeitskosten über die Sozialbeiträge für die Rentenversicherung und die Steuern zur Finanzierung des Bundeszuschusses direkt verteuert. Zum anderen hat sie die Arbeitnehmer und ihre Vertreter ermuntert, besonders hohe Löhne zu verlangen.

Ökonomisch, wenngleich nicht nach rechtlicher Definition, ist die Frührente ein Lohnersatz. Diese Rente bekommt, wer nicht arbeitet; aber wer arbeitet, bekommt sie nicht. Sie ist eine Art Lohn für das Nichtstun, den der Staat auszahlt. Niemand, der rentenberechtigt ist, ist bereit, zu einem Lohn weiter zu arbeiten, der nicht hinreichend weit über der Rente liegt, denn es müssen ja auch die Mühe der

Arbeit und der Verlust von Freizeit abgegolten werden. Die Frührente erzeugt einen Anspruchslohn bei den Berechtigten, den private Unternehmer überbieten müssen, wenn sie ältere Mitarbeiter beschäftigen wollen. Mit ihr wird der Staat zum Lohntreiber, was offenkundige Konsequenzen für das Beschäftigungsvolumen hat.

Erwerbsbeteiligung der 54- bis 64-Jährigen im Jahr 2004[1]

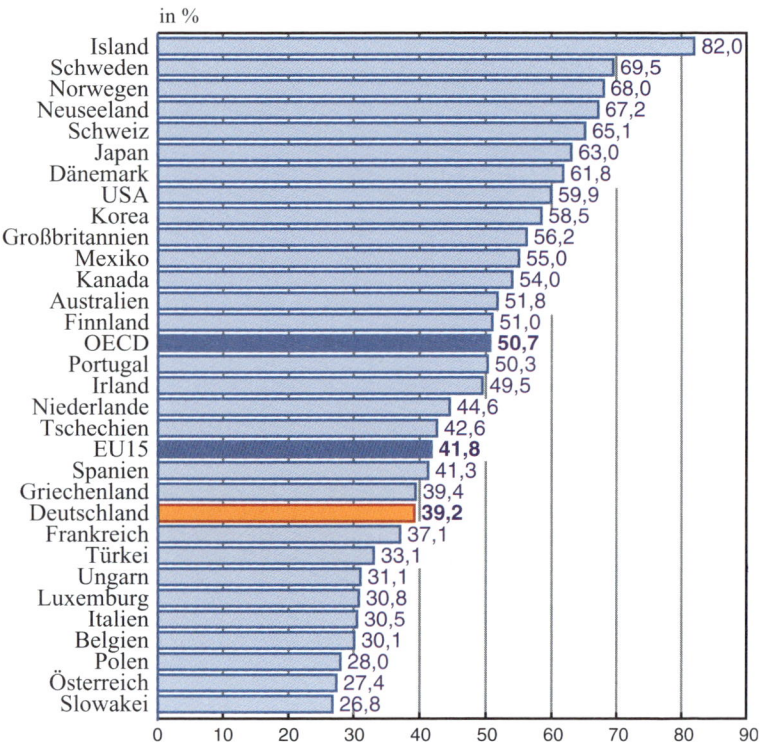

1) Anteil der 54- bis 64-jährigen Erwerbstätigen an der Bevölkerung gleichen Alters.

Quelle: OECD, Employment Outlook 2005, Tabelle C, S. 241 ff.

ABBILDUNG 6.1

Die Unternehmen haben denn auch die Chance gerne ergriffen, ihre künstlich verteuerten älteren Arbeitnehmer abzustoßen, weil sie so die Verluste, die durch ihre Beschäftigung entstanden, vermindern konnten. Im Endeffekt ist die in der Abbildung 6.1 dargestellte Situation entstanden.[37]

Danach liegt die Erwerbstätigkeit älterer Erwachsener während der letzten zehn Jahre vor dem regulären deutschen Rentenalter in Deutschland bei 39%. Dieser Wert gehört nicht zu den niedrigsten Werten der OECD-Länder, liegt aber weit unter dem Durchschnitt dieser Länder, der 50,7% beträgt, und auch unter dem Durchschnitt der alten EU-Länder. Länder wie Schweden, Norwegen oder Dänemark, die ja nicht im Verdacht der sozialen Härte stehen, haben alle eine um mehr als 20 Prozentpunkte höhere Erwerbsquote. Dies ist einer der Gründe, warum diese Länder beim Sozialprodukt pro Kopf vor uns stehen. Den Fehler, wertvolle menschliche Arbeitszeit und wertvolles Wissen brachliegen zu lassen, machen sie nicht.

Ohne Frühverrentung und Gewerkschaftseinfluss hätte sich auf dem Arbeitsmarkt für ältere Arbeitnehmer ein niedrigerer Nettolohn herausgebildet, und die Sozialabgaben und Lohnsteuern wären geringer gewesen. Beides zusammen hätte deutlich niedrigere Lohnkosten bedeutet. Zu niedrigeren Lohnkosten hätte es mehr Beschäftigung für ältere Arbeitnehmer gegeben, ohne dass dies zu Lasten der jüngeren Arbeitnehmer gegangen wäre. Der Jobkuchen wäre größer gewesen. Zugleich wäre das Sozialprodukt und mit ihm die Summe aller Einkommen größer gewesen, eben weil mehr Menschen gearbeitet und Werte geschöpft hätten. Deutschland hätte in einer Führungsposition beim Wachstum bleiben können, statt Schlusslicht zu werden. Der Weg in die kollektive Arbeitslosigkeit mit all seinen sozialen Problemen hätte vermieden werden können.

Aber klar: Die älteren Arbeitnehmer wären vermutlich

schlechter gestellt. Zum einen hätte die durch den Vorruhestand künstlich nach ihnen aufgebaute Nachfrage des Sozialstaats gefehlt, was ihnen ein niedrigeres Lohnniveau verschafft hätte. Zum anderen wären auch die Renten niedriger gewesen, weil diese über die Rentenformel direkt an die Durchschnittslöhne gekoppelt sind. Das ist ja einer der Fehler unseres Rentensystems: Für die Rentner ist es im Rahmen der bestehenden Rentenformel immer gut, wenn die Gewerkschaften exzessive Lohnforderungen stellen, auch wenn dadurch die Beschäftigung einbricht und Arbeitslosigkeit entsteht. Denn ihre Rente ist nur an den Durchschnittslohn der beitragspflichtigen Arbeitnehmer gebunden und hängt nicht davon ab, wie groß die Restmenge der Arbeitsplätze ist, die diese Politik überlebt. Die Rentner werden durch die Konstruktionsweise der Rentenformel faktisch zu Komplizen der Gewerkschaften gemacht. Ohne die Politik des Vorruhestands wären die Löhne und mit ihnen auch die Renten niedriger gewesen. So gesehen gibt es aus der Sicht eines Politikers, der sich der Maximierung des Einkommens der Rentner verschrieben hat, doch eine gewisse Rationalität der Vorruhestandspolitik. Norbert Blüm jedenfalls wird von seinen Rentnern noch immer verehrt.

Deutschland besteht aber nicht nur aus Rentnern, schon gar nicht allein aus jener Generation von Rentnern, die Norbert Blüm beglückt hat. Die Steuerzahler hatten genauso wenig von seiner Politik wie die jüngeren Arbeitnehmer, die die Sozialbeiträge für den Vorruhestand der Älteren aufbringen mussten. Die Arbeitslosen, die Beamten, die Selbständigen und all jene, die von den anderen Sozialtransfers leben, die nur eine gesunde Wirtschaft bezahlen kann, gehörten ebenfalls zu den Verlierern. Wie sich die Summe aller Einkommen entwickelt hat, wird ja durch das Wachstum des Sozialprodukts gemessen, und hier sprechen die Statistiken eine klare Sprache (Abbildung 1.2). In der Summe waren die Deutschen Verlierer, obwohl es den Rentnern besser ging. Wenngleich nur ein Teil der Wachstumsschwäche auf den Vorruhestand geschoben werden kann, ist es offenkundig, dass sich Minister Blüm und all seine Mitstreiter aus den Sozialfraktionen der großen Parteien eine Mitschuld an der deutschen Misere zurechnen lassen müssen.

\*\*\*

Das müssen sie auch insofern, als sie die Lohnersatzpolitik nicht nur bei den älteren Arbeitnehmern, sondern auch bei den gering Qualifizierten betrieben haben. Besonders problematisch war und ist die Sozialhilfe bzw. das heutige Arbeitslosengeld II, das im Wesentlichen der alten Sozialhilfe entspricht. Die Sozialhilfe ist ebenfalls eine Lohnersatzleistung, mit der sich der Sozialstaat zum Konkurrenten der privaten Wirtschaft macht. Auch sie fließt nur, wenn man nicht arbeitet, und hört auf zu fließen, wenn man es tut. Auch sie ist ein Lohn für das Nichtstun, der von der privaten Wirtschaft überboten werden muss, wenn ein Arbeitsverhältnis zustande kommen soll. Die Sozialhilfe zieht eine absolute Untergrenze in das Tarifgefüge ein, die unabhängig von der nachgewiesenen Produktivität der Betroffenen ist.

Eine sich selbst überlassene Marktwirtschaft erzeugt eine sehr ungleiche Lohnverteilung, stellt mit ihr aber Vollbeschäftigung her. Für jeden Typ von Arbeitnehmer ist der Lohn so niedrig, dass die Zahl der Menschen, die ihre Arbeitskraft anbieten, der Zahl entspricht, die die Unternehmen nachfragen. Ein zunächst höherer Lohn würde fallen, weil es an Jobs fehlen würde und sich die Arbeitnehmer gegenseitig unterbieten würden, was die Zahl der

Sozialhilfe als Jobkiller bei den gering Qualifizierten: der Ziehharmonika-Effekt

Sozialhilfe

ABBILDUNG 6.2

Jobs vergrößerte. Ein zunächst niedrigerer Lohn würde eine Überschussnachfrage nach Arbeitnehmern erzeugen, so dass sich die Unternehmer gegenseitig überbieten würden, bis einige den Wettstreit aufgeben würden. Wird in ein solches Marktsystem die Sozialhilfe eingeführt, dann wird die Lohnskala wie eine Ziehharmonika von unten her zusammengeschoben. Die Löhne werden im unteren bis mittleren Lohnbereich über das markträumende Niveau, auf dem Arbeitslosigkeit vermieden werden kann, hinaus gehoben, so dass immer mehr Arbeitsplätze unrentabel werden und folglich Arbeitslosigkeit entsteht.[38] Der niedrigste Lohn muss hinreichend weit über der Sozialhilfe liegen, damit er vom Arbeitnehmer akzeptiert wird. Der zweitniedrigste Lohn in der Qualifikationshierarchie muss mit einem gewissen Abstand über dem niedrigsten liegen, der drittniedrigste mit einem anderen Abstand über dem zweitniedrigsten und so weiter. Über eine Substitutionskette schiebt die Sozialhilfe die gesamte Lohnskala wie die Rippen einer Ziehharmonika bis in den mittleren Bereich hinein nach oben, so dass bis dorthin Arbeitslosigkeit entsteht (Abbildung 6.2). Bei höheren Lohneinkommen verliert sich der Effekt. Dort wird der Lohn wegen seines weiten Abstands zur Sozialhilfe nach wie vor durch Angebot und Nachfrage bestimmt, so dass dort kein besonderes Problem mit der Arbeitslosigkeit auftritt.

Ein Blick auf die Fakten zeigt, wie relevant der Ziehharmonika-Effekt für Deutschland ist. 34% der deutschen Arbeitslosen sind gering qualifiziert, haben also keinen höheren Schulabschluss oder keine Berufsausbildung. Dabei beträgt der Anteil der gering Qualifizierten an der Gesamtheit aller Erwerbspersonen nur 16%. Und wenn man alle Langzeitarbeitslosen – auch die mit Berufsausbildung –, die einer regulären Arbeit schon lange entwöhnt sind, hinzurechnet, sind wahrscheinlich deutlich mehr als die Hälfte der Arbeitslosen gering qualifiziert. Der Zuwachs der Arbeitslosigkeit bei den gering Qualifizierten war in den letzten 30 Jahren viel stärker als bei Personen mit einem Berufsschul- oder einem Hochschulabschluss. Der Löwenanteil der Zunahme der deutschen Arbeitslosigkeit wird durch die gering Qualifizierten erklärt (Abbildung 6.3).

Dass die Sozialhilfe tatsächlich eine bindende untere Schranke für die Lohnverteilung ist, belegt eine Reihe weiterer erhellender Indizien.

Erstens: Für eine vierköpfige Familie liegt die Sozialhilfe heute (1. Halbjahr 2005) in Westdeutschland bei 1560 Euro und in Ostdeutschland bei 1421 Euro, was unter Berücksichtigung der Regionalverteilung der Bedarfsgemeinschaften einem gesamtdeutschen Mittelwert von 1539 Euro entspricht.[39] Das ist etwas mehr als das durchschnittliche, auch unter Berücksichtigung von Teilzeitstellen entstandene Nettolohn- und -gehaltseinkommen, das im Jahresdurchschnitt 2005 in Gesamtdeutschland bei schätzungsweise 1465 Euro liegt.[40]

Zweitens: Damit ein verheirateter Alleinverdiener mit zwei Kindern auf einer Vollzeitstelle mit 155 Stunden im

Monat nur 5 Euro pro Stunde mehr als beim Nichtstun bekommt, braucht er im derzeitigen Fördersystem (Arbeitslosengeld II, Kindergeld etc.) in Westdeutschland einen Bruttolohn von 18,42 Euro, was dem Arbeitgeber (ohne Mehrwertsteuer) Lohnkosten von 22,28 Euro verschafft.[41] So gesehen liegt die Mindestlohnschranke, die durch das deutsche Sozialsystem hervorgerufen wird, für einen solchen Arbeitnehmertyp bereits in der Gegend des schwedischen Lohnkostenniveaus. Die durchschnittlichen Arbeitskosten müssen entsprechend höher sein. Es wundert nicht, dass sie in der westdeutschen Industrie über 27 Euro betragen.

Qualifikationsspezifische Arbeitslosenquote[1)]

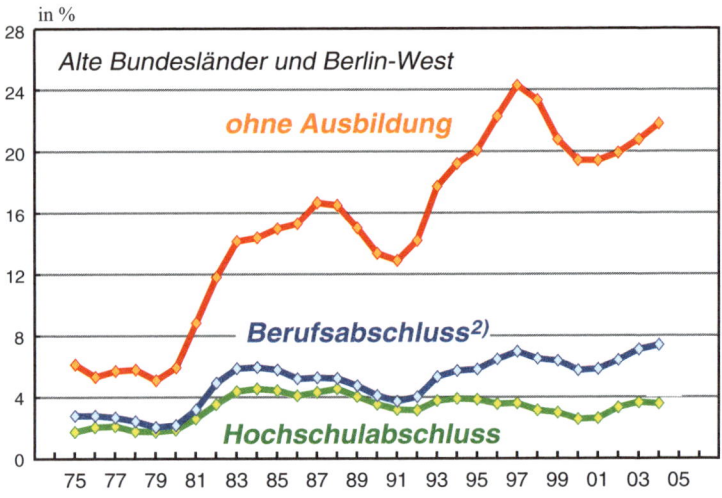

1) Arbeitslose in % aller zivilen Erwerbspersonen (ohne Auszubildende) gleicher Qualifikation, Männer und Frauen.
2) Berufsabschluss: betriebliche Ausbildung, Berufsfachschule, Fachschul-, Meister- und Technikerausbildung.

Quelle: Institut für Arbeitsmarkt- und Berufsforschung der Bundesagentur für Arbeit (IAB-Kurzbericht Nr. 9/2005, Anhang 1.

ABBILDUNG 6.3

Drittens: Vor drei Jahrzehnten lag die Sozialhilfe noch viel weiter vom Durchschnittslohn entfernt als heute. So stieg die durchschnittliche Sozialhilfe von 1970 bis 2000 ziemlich genau auf das Vierfache, während die durchschnittliche Nettolohn- und Gehaltssumme nur auf das Dreifache stieg.[42] Sie hat sich damit immer weiter von unten her an das durchschnittliche Lohnniveau herangerobbt.

Viele Gewerkschaftler und Sozialpolitiker empfinden es bereits als Provokation, wenn man diese Fakten ungeschminkt darstellt. Sie argumentieren, die hohe Arbeitslosigkeit der gering Qualifizierten sei einem exogenen, von ökonomischen Rahmenbedingungen unbeeinflussten technischen Fortschritt zuzuschreiben, der die menschliche Arbeitskraft durch Roboter ersetzt. Mit ökonomischen Anreizen habe das nichts zu tun. Das klingt einleuchtend, stimmt aber nicht. Wenn es stimmen würde, müsste das Phänomen in allen westlichen Industrieländern zu beobachten sein, nicht nur in Deutschland. Schließlich findet der technische Fortschritt nicht nur bei uns statt.

In Wahrheit ist die Massenarbeitslosigkeit der gering Qualifizierten ein speziell deutsches Problem, der Kern der deutschen Krankheit sozusagen. Wie Abbildung 6.4 zeigt, ist die Arbeitslosenquote der gering Qualifizierten in keinem anderen OECD-Land so hoch wie in Deutschland. Da die Erweiterung des technischen Wissens nicht, das deutsche Sozialsystem dagegen sehr wohl auf Deutschland beschränkt ist, liegt die Erklärung auf der Hand: Die Roboter ersetzen die menschliche Arbeitskraft nicht überall in gleichem Maße, sondern speziell in Deutschland. Denn der Sozialstaat bietet den Menschen hierzulande die Möglichkeit, ein erwerbsloses Einkommen zu beziehen, anstatt sich der Niedriglohnkonkurrenz der Roboter zu stellen. Der Ziehharmonika-Effekt der Sozialhilfe war offenkundig mit im Spiel.

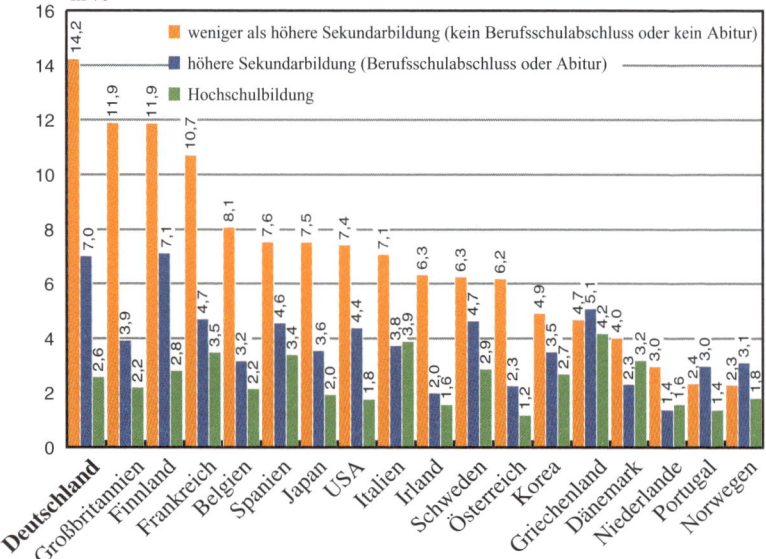

## Weltmeister bei der Arbeitslosigkeit der gering Qualifizierten
(30- bis 44-jährige Männer, 2001[1])

in %

weniger als höhere Sekundarbildung (kein Berufsschulabschluss oder kein Abitur)
höhere Sekundarbildung (Berufsschulabschluss oder Abitur)
Hochschulbildung

1) Belgien, Niederlande, Norwegen und Österreich: Referenzjahr 2000.

Quelle: OECD, Education at a Glance 2002, S. 117, Tabelle A11.2.

ABBILDUNG 6.4

Einen Beleg für den Ziehharmonika-Effekt liefert auch die in Abbildung 6.5 dargestellte Information der OECD. Sie zeigt, dass die Spreizung zwischen dem ersten und dem neunten Zehntel der Lohnverteilung in Deutschland während der letzten 20 Jahre praktisch konstant geblieben ist. (Die OECD bezieht sich bei ihrem Vergleich auf das neunte statt auf das zehnte Zehntel, weil die Daten für die Berechnung des letzteren nicht in hinreichender Präzision vorhanden sind.) In den angelsächsischen Ländern dagegen, die keinen entwickelten Sozialstaat haben, nahm die Lohnspreizung deutlich zu. Die deutsche Lohnskala wurde durch das Sozialsystem eingeschnürt, die Lohnschere

86

gewissermaßen künstlich arretiert, während sie sich angesichts der Niedriglohnkonkurrenz aus aller Welt eigentlich nach unten hin hätte ausdehnen müssen, um die Arbeitsplätze der gering Qualifizierten zu halten. Dadurch entstand in Deutschland eine Massenarbeitslosigkeit der gering Qualifizierten in einem Umfang, wie es sie in anderen Ländern nicht gibt.

Die Entwicklung der Lohnspreizung[1] in den USA, in Großbritannien und in Deutschland, 1980–2001

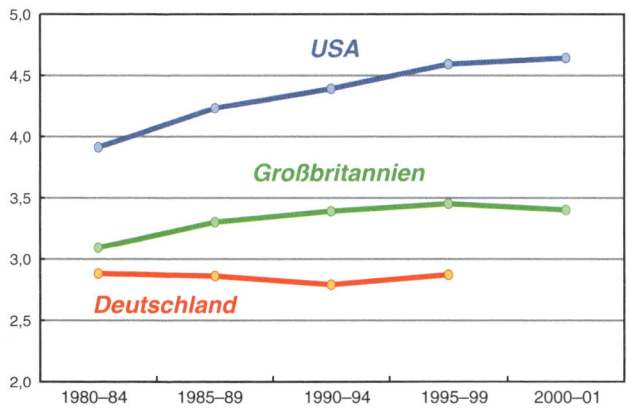

1) Quotient des neunten und ersten Dezils der Verteilung der Bruttoeinkommen der Vollzeitbeschäftigten.

Quelle: OECD, Employment Outlook 2004, Tabelle 3.2, S. 141.

ABBILDUNG 6.5

Früher, als die Wirtschaft noch stürmisch voranschritt, folgte der Sozialstaat im Schlepptau der Löhne und stand der Wirtschaft nicht als Konkurrent im Wege. Der Sozialstaat hielt sich in gebührendem Abstand zurück. Seit dem Fall des Eisernen Vorhangs, der die Osterweiterung der EU und die Beteiligung Chinas am Welthandel ermöglichte, werden die Löhne nun aber durch die Kräfte der Globalisierung in die andere Richtung gedrängt.

Die in besseren Zeiten entstandenen Leistungen des Sozialstaats werden in dieser Situation zu einer Barriere für die notwendigen Lohnanpassungen, und zwar insbesondere bei der einfachen Industriearbeit. Deutschland wird zum OECD-Spitzenreiter bei der Arbeitslosigkeit der gering Qualifizierten und verhebt sich bei dem Versuch, die daraus resultierenden Soziallasten ohne Systemänderungen in den Griff zu bekommen. Der Wettkampf zwischen dem deutschen Sozialstaat und China ist vielleicht schon entschieden, bevor er überhaupt begonnen hat.

***

Die für eine Flexibilisierung des Arbeitsmarktes notwendigen Reformen müssen nicht von sozialer Kälte geprägt sein, und sie verlangen auch nicht unbedingt die Rücknahme staatlicher Leistungen, obwohl die fiskalische Überlastung des Staates dies wahrscheinlich notwendig macht. Wichtiger ist es, dass der Staat aus seiner Konkurrenzrolle zur Wirtschaft befreit werden kann. Dazu gibt es mit der Frühverrentung bei freiem Hinzuverdienst und der Aktivierenden Sozialhilfe sehr wirksame Modelle. Sie basieren beide darauf, dass der Staat seine Hilfen nicht mehr unter der Bedingung der Nichtarbeit zur Verfügung stellt, wie es heute der Fall ist, sondern das Nebeneinander von staatlichen Hilfen und Arbeit erlaubt. Durch diese Änderung fällt die Lohnuntergrenze im Tarifsystem, die von der Lohnersatzpolitik ausgeht. Die Löhne können auf das markträumende Niveau fallen, bei dem wieder Vollbeschäftigung entsteht, und dennoch wird das Einkommen der Betroffenen gesichert, weil sie ja zu ihrem niedrigen Lohn das staatliche Sozialeinkommen hinzuerhalten. Im Schlusskapitel dieses Buches wird darauf näher eingegangen.

# 7.

# DER WEG IN DIE BASAR-ÖKONOMIE

Die wirtschaftliche Entwicklung verlangt bekanntlich einen steten Strukturwandel. Konstant ist nichts außer dem Wandel selbst. Aber derzeit wirbelt der Turbokapitalismus noch schneller als sonst. Die Lohnerhöhungen der siebziger und achtziger Jahre, die Beteiligung der exkommunistischen Länder am Welthandel und die europäische Integration mit all ihren Facetten haben den Strukturwandel, der seit der Industrialisierung im 19. Jahrhundert in Schüben vorangeht, abermals erheblich beschleunigt. Deutschland befindet sich inmitten eines Umstellungsprozesses, dessen Ergebnisse derzeit erst zu erahnen sind und der noch lange nicht zu Ende ist. Drei wesentliche Entwicklungstendenzen sind gedanklich zu unterscheiden, um das Geschehen einzuordnen.

Erstens erhöhen die Unternehmen die Kapitalintensität ihrer Produktion und damit die Produktion pro Arbeiter, indem sie die Automatisierung und Rationalisierung weiter vorantreiben. Immer mehr, immer kompliziertere und immer teurere Maschinen werden eingesetzt, um die menschliche Arbeit zu ersetzen. Schon heute stehen an den meisten Industriearbeitsplätzen, die früher von Menschen besetzt waren, Industrieroboter. Die Kapitalintensivierung findet schon seit dem 19. Jahrhundert statt, hat sich aber nach den starken Lohnsteigerungen der sieb-

ziger Jahre in den achtziger und neunziger Jahren beschleunigt und ist immer noch nicht abgeschlossen.

Zweitens spezialisiert sich die Wirtschaft unter dem
Druck der internationalen Niedriglohnkonkurrenz auf die
sach- und humankapitalintensiven Sektoren der Wirtschaft. Dort steht nicht die einfache menschliche Arbeit
im Vordergrund, die bei uns viel teurer ist als anderswo,
sondern es sind Leistungen gefordert, die andere Länder
nicht oder noch nicht erbringen können. Wir sind reich an
Wissen über Märkte, technische Verfahren und die Logis-
tik komplexer Arbeitsabläufe in den Firmen, und wir sind
vor allem reich im engeren Sinne des Wortes: Dank der
Ersparnis vieler früherer Generationen seiner Bürger verfügt Deutschland heute über das Vermögen, das es ihm
erlaubt, sich auf hochkomplizierte und extrem teure Produktionsverfahren zu spezialisieren, für die den ärmeren
Ländern schlichtweg das Geld fehlt. Einfache, arbeitsintensive Tätigkeiten wie z.b. die Produktion von Be-
kleidung, Lederwaren oder Möbeln werden zurückge-
nommen und durch Importe ersetzt. Dafür wird die
kapitalintensive industrielle Massenfertigung ausgebaut,
und humankapitalintensive Tätigkeiten im Bereich des
Anlagen- und Maschinenbaus, der technischen Großanla-
gen, der unternehmensnahen Dienstleistungen, der Da-
tenverarbeitung und Ähnlichem werden verstärkt. Diesen
Prozess gibt es schon länger, er hat sich aber mit der Beteiligung der asiatischen Länder seit den siebziger und achtziger Jahren verstärkt.

Drittens spezialisieren sich die Industrieunternehmen
auf die kundennahen Endstufen ihrer Fertigung und verlagern die kundenferneren, also innerhalb der Entstehung
»stromaufwärts« gelegenen Produktionsstufen, bei denen
relativ viel einfache Arbeit eingesetzt werden muss, ins
Ausland. Dies ist eine neuere Entwicklung, die seit etwa

Mitte der neunziger Jahre zu beobachten ist und erhebliche Ausmaße angenommen hat. Wie im Vorwort erläutert, habe ich sie an anderer Stelle als Weg in die Basar-Ökonomie karikiert, weil sie eine schleichende Aushöhlung der in den produzierten Gütern enthaltenen Wertschöpfung bedeutet. Im Endeffekt schrauben die Firmen die in Niedriglohnländern vorfabrizierten Teile in Deutschland nur noch zusammen, kleben ein »Made in Germany«-Schild auf die fertige Ware und verkaufen sie dann über den deutschen Tresen weiter in die Welt.

✳✳✳

Der Basar-Effekt ähnelt der zweiten Entwicklungstendenz – der Änderung der Sektorstruktur – insofern, als auch bei ihm eine Verlagerung von arbeitsintensiven Tätigkeiten auf sach- oder humankapitalintensive Tätigkeiten stattfindet. Der Unterschied ist nur, dass es bei ihm um eine Verlagerung innerhalb einer vertikalen Produktionskette geht, während die zweite Tendenz sich auf eine Verlagerung von einer Kette zur anderen bezieht.

Der Basar-Effekt kommt durch das so genannte *Outsourcing* und *Offshoring* zustande. *Outsourcing* ist der Ersatz eigener Vorproduktion durch den Kauf von Vorprodukten bei Zulieferern, die zumeist im Ausland produzieren.[43] *Offshoring* ist der Ersatz inländischer Vorproduktion durch eigene Niederlassungen, die das Unternehmen auf dem Wege der Direktinvestition im Ausland errichtet.

Um Missverständnissen über den Basar-Effekt von vornherein entgegenzutreten, sei noch einmal präzisiert: Der Effekt besagt, dass der inländische Wertschöpfungsanteil an der Industrieproduktion, die so genannte Fertigungstiefe, zugunsten des Auslands fällt und dass sich die deutsche Industrie zunehmend auf die Endstufen der Produktion spezialisiert. Er besagt nicht, dass der Wertschöpfungsanteil der Industrie am Bruttoinlandsprodukt fällt, und schon gar nicht, dass die Wertschöpfung der Basare selbst fällt. Das ist ein Thema, auf das später noch ausführlich eingegangen wird.

Ein mittlerweile wohl bekanntes Beispiel für den Basar-Effekt ist der Porsche Cayenne, ein Wagen aus der Kategorie der SUVs (*Sports Utility Vehicles*), die in Amerika so viel Anklang finden. Der Wagen wird scheinbar in Leipzig gefertigt, wohin die Fertigung mit Riesenzuschüssen in Form verbilligt überlassener Grundstücke gelockt wurde. Doch in Wahrheit werden dort nur die Teile zusammengeschraubt. Der Antriebsstrang kommt aus Stuttgart-Zuffenhausen, und die massige Karosserie kommt fast fix und fertig vom VW-Werk in Bratislava. Volkswagen fertigt den Cayenne dort übrigens auf demselben Band wie seinen Touareg, den es sogar vollständig im Ausland produziert. Die Kunden aus aller Welt, die bei Porsche und VW kaufen, haben das Gefühl, ein deutsches Auto zu erwerben, doch in Wahrheit sitzen sie einem Etikettenschwindel auf.

Beim Cayenne werden sogar die Außenhandelsstatistiken verzerrt. Wenn er nämlich nach Amerika exportiert wird, steht er zu 100% in der deutschen Exportstatistik, obwohl wahrscheinlich nur der kleinere Teil der Wertschöpfung in Form von Gewinnen, Löhnen, anderen Einkommen und Deckungsbeiträgen für Abschreibungen in Deutschland anfällt.[44]

***

Das Wort Basar hat einen negativen Unterton, und wegen der lohngetriebenen Übertreibung des Basar-Effekts, die in Kapitel 10 eingehend diskutiert wird, ist dieser Unterton gewollt. Dennoch kann man ihm grundsätzlich auch Positives abgewinnen, weil es etwas verdeutlicht, was Deutschland bereits ist: der Kaufladen der Welt. Die Stärke des Landes liegt in der Vielfalt seiner Produktpalette, die jeden nur erdenklichen Bedarf befriedigt. Deutschland ist der Weltmeister bei der Nischenproduktion, das Land der stillen Stars, das im Bereich des Mittelstands hunderte von Weltmarktführern für spezielle Industrieprodukte aufweist, von denen die wenigsten allgemein bekannt sind, um die sich die fachkundigen Spezialkunden indes reißen.

So ist die Firma Trumpf aus Ditzingen der Weltmarktführer für lasergestützte Metallbearbeitungsmaschinen; die Münchener Knorr Bremse AG bedient mit weitem Abstand vor der zweitstärksten Firma 40% des Weltmarkts der Bremsen für Züge und LKWs; und die Maschinenbaufirma Grenzebach aus Asbach-Bäumenheim ist Champion im Bereich von Schneide-, Beschick- und Stapelanlagen für die Flachglasherstellung. Nicht weniger als 90% der internationalen Kinofilme wurden wahrscheinlich mit Kameras gedreht, die die Firma ARRI in München hergestellt hat. Dies sind nur Beispiele für viele. Deutsche Produkte sind international »heiß begehrt«, schreibt der sonst recht kühle Sachverständigenrat für die Begutachtung der gesamtwirtschaftlichen Entwicklung, und er hat Recht damit.[45] Kein anderes Land, weder die USA noch Japan, kann der Welt ein vergleichbares Sortiment an Industriegütern anbieten. Dass die genannten Firmen ein Drittel bis zwei Drittel ihrer Produktion im Ausland erzeugen, steht dieser Feststellung nicht entgegen.

Kein Wunder, dass Deutschland die weitaus meisten der großen Industriemessen der Welt beherbergt. Wie Abbildung 7.1 zeigt, fanden in den Jahren 2001 bis 2003 drei Viertel der zwanzig nach der Ausstellungsfläche größ-

ten Messen der Welt in Deutschland statt (rote Balken).
Ein Viertel (blau) verteilte sich über alle anderen Länder.

Die zwanzig größten Messen der Welt (2001–2004)

Ausstellungsfläche in der Halle (m²)

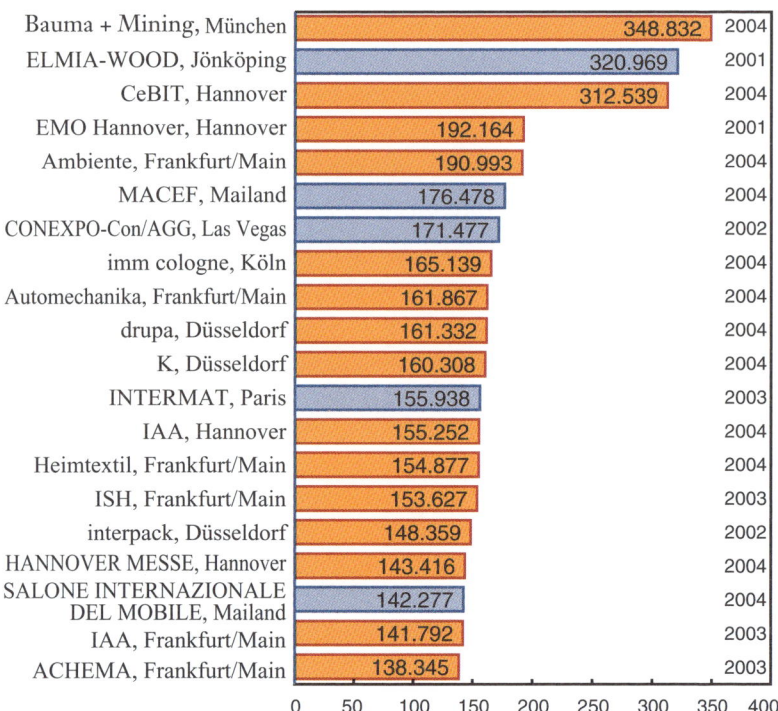

| | | |
|---|---|---|
| Bauma + Mining, München | 348.832 | 2004 |
| ELMIA-WOOD, Jönköping | 320.969 | 2001 |
| CeBIT, Hannover | 312.539 | 2004 |
| EMO Hannover, Hannover | 192.164 | 2001 |
| Ambiente, Frankfurt/Main | 190.993 | 2004 |
| MACEF, Mailand | 176.478 | 2004 |
| CONEXPO-Con/AGG, Las Vegas | 171.477 | 2002 |
| imm cologne, Köln | 165.139 | 2004 |
| Automechanika, Frankfurt/Main | 161.867 | 2004 |
| drupa, Düsseldorf | 161.332 | 2004 |
| K, Düsseldorf | 160.308 | 2004 |
| INTERMAT, Paris | 155.938 | 2003 |
| IAA, Hannover | 155.252 | 2004 |
| Heimtextil, Frankfurt/Main | 154.877 | 2004 |
| ISH, Frankfurt/Main | 153.627 | 2003 |
| interpack, Düsseldorf | 148.359 | 2002 |
| HANNOVER MESSE, Hannover | 143.416 | 2004 |
| SALONE INTERNAZIONALE DEL MOBILE, Mailand | 142.277 | 2004 |
| IAA, Frankfurt/Main | 141.792 | 2003 |
| ACHEMA, Frankfurt/Main | 138.345 | 2003 |

0   50   100   150   200   250   300   350   400

NB: Messen mit besonders großen Freigeländeflächen:
Bauma+Mining 223.392 m²
ELMIA-WOOD 319.060 m²

Quelle: Ausstellungs- und Messeausschuss der Deutschen Wirtschaft
e.V., Berlin 2005, auf Anfrage.

ABBILDUNG 7.1

In Deutschland steht der Basar der Welt, die Drehscheibe des Handels mit Industriegütern. Diese eindeutige Führungsrolle hat sich das Land mit den Erfindungen des neunzehnten und zwanzigsten Jahrhunderts aufgebaut, die bis zum heutigen Tage einen Großteil des Wohlstands der Welt erklären. Vom modernen Elektromotor, dem Automobil und dem Dieselmotor bis hin zum Jet, der Rakete oder dem Computer mit eigener Programmiersprache reicht die Palette der in Deutschland erfundenen Produkte. Trotz der Kriegsschäden und der Plünderung des deutschen Wissensschatzes durch die Siegermächte hat die deutsche Industrie ihre Spitzenposition nach dem Krieg weitgehend behaupten können. Deutschland ist nach wie vor der Ort, an dem man eine unglaubliche Vielfalt innovativer Produkte, die in hoher Qualität gefertigt werden, beziehen kann.

Im Unterschied zu früher, als wir fast alles selbst produziert haben, kommt heute ein wachsender Wertanteil der im deutschen Industriebasar angebotenen Produkte aus dem billigeren Ausland, zumeist aus dem osteuropäischen Hinterland. Wir lassen unsere Produkte zunehmend von Polen, Ungarn und Slowaken vorfabrizieren, um sie dann in Deutschland weiterzuverarbeiten und von hier aus in die Welt zu verkaufen. Das hält den Basar wettbewerbsfähig. Die Niedriglöhne Osteuropas ermöglichen der deutschen Industrie, der asiatischen Konkurrenz die Stirn zu bieten und sich auch nicht über einen Preiswettbewerb verdrängen zu lassen. Das eröffnet neue Chancen, denn ihre Einkommen müssen die Deutschen nicht unbedingt mit der Industrieproduktion selbst erarbeiten. Sie können sie auch im Handel, bei Ingenieurleistungen, bei Organisation des Produktionsprozesses, beim Design, beim Marketing und den mit dem großen Industriebasar verbundenen Dienstleistungen verdienen.

***

Der Weg in die Basar-Ökonomie ist ein neues Kapitel in
der deutschen Wirtschaftsgeschichte, dessen Inhalt und
Struktur zu diesem frühen Stadium erst ansatzweise zu
erkennen sind. Dennoch gibt es bereits aufschlussreiche
statistische Erkenntnisse. Schauen wir zunächst auf Abbildung 7.2, die zeigt, wie sich die Fertigungstiefe der deutschen Industrie im Sinne ihres eigenen Wertschöpfungsanteils an ihrer Produktion in den Jahren von 1970 bis
2004 entwickelt hat.[46] Man sieht, dass der eigene Wertschöpfungsanteil der Industrie am Wert ihrer Produktion
in den letzten 34 Jahren von 40 % auf knapp 34 % zurückgegangen ist. Dabei hat sich die Entwicklung offensicht-
lich seit 1995 besonders stark beschleunigt. Während
sich die Fertigungstiefe in den 24 Jahren von 1970 bis
1994 um 2,3 Prozentpunkte verringerte, fiel sie in
den zehn Jahren von 1994 bis 2004 um 4,1 Prozentpunkte.[47]

Die Erklärung dafür, dass die Fertigungstiefe insbesondere seit 1995 stark abgenommen hat, liegt sicherlich darin, dass sich damals die exkommunistischen Länder
verstärkt dem internationalen Kapital öffneten. China
liberalisierte die Bedingungen, unter denen westliche Investitionen möglich wurden, und die Länder Osteuropas
hatten ihre Transformationskrise überwunden. Insbesondere Letzteres war für Deutschland als unmittelbaren
Nachbarn wichtig. Da die Osterweiterung der EU nach
dem Gipfel in Kopenhagen im Jahr 1993 beschlossene
Sache war, stand einem finanziellen Engagement im Osten
nichts mehr entgegen. Der Eiserne Vorhang hatte zuvor
nicht nur die Menschen im Osten ein-, sondern auch das
Investitionskapital Westeuropas ausgesperrt. Durch die
neuen politischen Verhältnisse wurden dem westlichen

Kapital lukrative Investitionsmöglichkeiten eröffnet, zu denen es vorher keinen Zugang hatte.

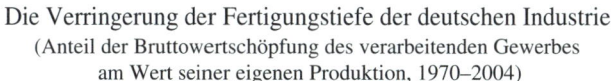

Die Verringerung der Fertigungstiefe der deutschen Industrie
(Anteil der Bruttowertschöpfung des verarbeitenden Gewerbes
am Wert seiner eigenen Produktion, 1970–2004)

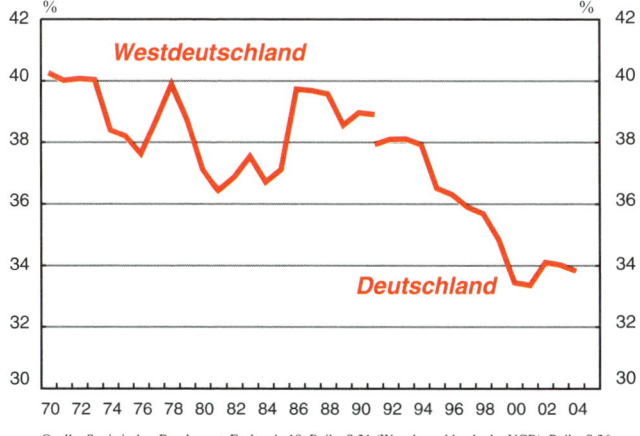

Quelle: Statistisches Bundesamt, Fachserie 18, Reihe S.21 (Westdeutschland; alte VGR), Reihe S.26 (Deutschland; Revision der VGR, Mai 2005); Berechnungen des ifo Instituts.

ABBILDUNG 7.2

Nicht nur Volkswagen und Audi machten mit ihrer Beteiligung an den Skoda-Werken, dem Aufbau neuer Fertigungsstraßen in Bratislava und der Verlegung der Fertigung für die Audi-Motoren nach Györ in Ungarn von den neuen Möglichkeiten Gebrauch. Auch der deutsche Mittelstand hat sich in großem Umfang engagiert. Eine Umfrage des Instituts der Deutschen Wirtschaft (IW) hat gezeigt, dass bereits im Jahr 2002 etwa 60% der größeren mittelständischen Unternehmen mit zwischen 1.000 und 5.000 Beschäftigten Standorte außerhalb der alten EU-Länder gegründet hatten. Und nach einer Umfrage des Deutschen Industrie- und Handelskammertages (DIHK) vom Frühjahr 2005, bei der 7.500 Unternehmen antworteten, plante bereits jedes Zweite der kleineren deutschen Unternehmen in der Größe zwischen 200 und 999 Mitarbeitern für das Jahr 2005 eine Auslandsinvestition. Zugleich erreichte der Anteil der auslandsaktiven Unternehmen aller Größenklassen, die ihre Investitionen im laufenden Jahr (2005) abermals steigern wollten, mit 42% den höchsten Stand seit Beginn der Erhebungen im Jahr 1999.[48]

Nach der Direktinvestitionsstatistik der Deutschen Bundesbank hatten deutsche Unternehmen bereits im Jahr 2001 weltweit Auslandsbeteiligungen an 4,5 Millionen Arbeitsplätzen. Selbst wenn man spitzer rechnet und die Zahl der Stellen mit den deutschen Beteiligungsanteilen gewichtet, waren es immerhin auch schon 3,8 Millionen.[49] Nach entsprechender Rechnung stieg die Zahl der in den osteuropäischen EU-Beitrittsländern von deutschen Unternehmen beschäftigten Arbeitnehmer von 3.000 im Jahr 1989 über 189.000 im Jahr 1995 bis auf 560.000 im Jahr 2001. Die Zahlen der zweiten Zeitspanne (1995–2001) entsprechen einer jährlichen Steigerungsrate von 19% oder einem jahresdurchschnittlichen Zuwachs von etwa 60.000 Stellen.[50]

Rechnet man die Entwicklung von 1995 bis 2001 auf die Gegenwart hoch, so müssten bis zum Ende des Jahres 2005 etwa 800.000 Personen in den osteuropäischen Beitrittsländern in Unternehmen mit deutscher Kapitalbeteiligung beschäftigt sein. Das wären trotz der kurzen Zeitspanne, innerhalb derer die Investitionen möglich waren, mehr Stellen, als deutsche Unternehmen während der letzten Jahrzehnte insgesamt in den USA geschaffen haben.

Die besondere Rolle der osteuropäischen Beitrittsländer für die Entwicklung der Auslandsinvestitionen deutscher Unternehmen wird auch aus der oben zitierten

Umfrage des DIHK deutlich. Nach dieser Umfrage lagen Investitionen in den neuen Beitrittsländern bei jenen Unternehmen, die für das Jahr 2005 eine Steigerung ihrer Auslandsinvestitionen planten, mit 46% der Nennungen an der Spitze, gefolgt von China mit 41% und den alten EU-Ländern mit 27%. Dabei überwog das Interesse an Osteuropa insbesondere bei den kleineren Unternehmen.

Viele der Auslandsaktivitäten der deutschen Unternehmen verstreuen sich über die Welt, aber immer mehr konzentrieren sich in Osteuropa. Der Mittelstand macht in Osteuropa das nach, was die Großindustrie schon seit den achtziger Jahren in China und anderen asiatischen Niedriglohnländern vorgemacht hat. Die Rüstkosten sind dort viel kleiner als bei einem Engagement in China, schon wegen der größeren kulturellen und geographischen Nähe. Dank ihrer nach Osteuropa verlängerten Werkbänke wurden und werden die mittelständischen Unternehmen Deutschlands zu *Global Players* im Kleinen.

Getrieben wird die Entwicklung zweifellos durch die extrem niedrigen Lohnkosten in Osteuropa.[51] Das Motiv der Markterschließung, das noch in Asien beim Aufbau von Produktionskapazitäten eine wichtige Rolle gespielt hatte, tritt im gemeinsamen europäischen Binnenmarkt, zu dem die wichtigsten osteuropäischen Länder nun gehören, in den Hintergrund. In der Umfrage des DIHK rangierte unter den Unternehmen mit Auslandsengagement zwar die Kategorie »Vertrieb und Kundendienst« mit 40% der Nennungen an erster Stelle, doch wenn es um eine Produktionsverlagerung ging, rangierte das Motiv der Kostenersparnis mit 34% der Nennungen deutlich vor dem Motiv der Markterschließung, auf das 26% der Nennungen entfielen. Das ist angesichts der riesigen Lohnkostenunterschiede nicht verwunderlich. Im Durchschnitt lagen die Lohnkosten für Industriearbeiter in den zehn Beitrittsländern, wie mit Abbildung 4.1 schon gezeigt wurde, im Jahr 2004 bei nur 13% der westdeutschen Lohnkosten.

Die Entwicklung zur Basar-Ökonomie verläuft in den deutschen Industriebranchen naturgemäß mit unterschiedlicher Geschwindigkeit. Abbildung 7.3 zeigt dies für die sechs größten Branchen, die zusammen 77% der Wertschöpfung des verarbeitenden Gewerbes erzeugen. Wie man sieht, ging die Fertigungstiefe in den elf Jahren von 1991 bis 2002 in diesen Branchen fast durchweg zurück, wobei der Maschinenbau mit einer Abnahme von nur

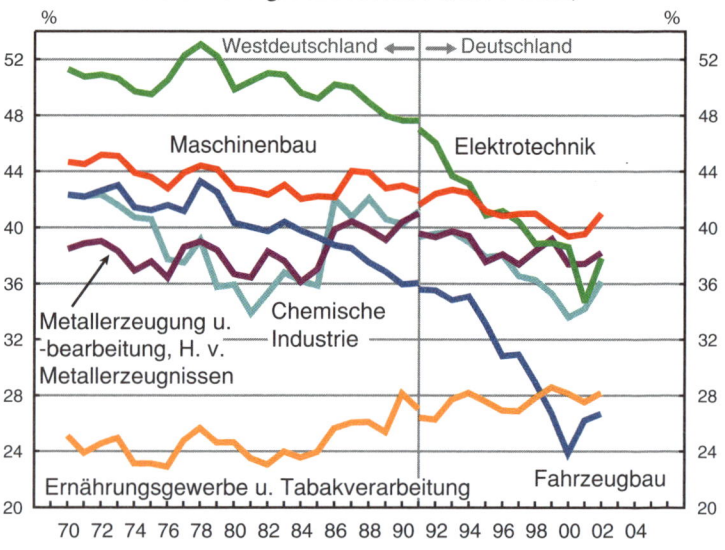

Die Verringerung der Fertigungstiefe nach Branchen
(Anteil der Bruttowertschöpfung ausgewählter Branchen am Wert ihrer eigenen Produktion, 1970–2002)

Quelle: Statistisches Bundesamt, Fachserie 18, Reihe S.21 (Westdeutschland; alte VGR), Reihe S.26 (Deutschland; Revision der VGR, Mai 2005); Berechnungen des ifo Instituts.

ABBILDUNG 7.3

0,6 Prozentpunkten kaum, andere Sektoren dafür umso mehr betroffen waren. Spitzenreiter war die Elektrotechnik, wo der Anteil der eigenen Wertschöpfung an der Produktion um 9,2 Prozentpunkte abnahm. Aber auch der Fahrzeugbau war massiv betroffen. Bei der Entwicklung scheint es sich um ein allgemeines Phänomen zu handeln, das die meisten Industriebranchen erfasst hat. Eine echte Ausnahme bildet lediglich das Ernährungsgewerbe und die Tabakverarbeitung, wo der Anteil der Bruttowertschöpfung am Produktionswert sogar stieg.

\*\*\*

Die Verringerung der Fertigungstiefe bedeutet nicht notwendigerweise, dass die Wertschöpfung der Industriesektoren relativ zur gesamten Wertschöpfung der Wirtschaft fällt. Immerhin zeigt sich in dieser Verringerung fast schon definitionsgemäß eine den Gewinn vergrößernde Reaktion der Firmen auf eine veränderte Wettbewerbslage. Die Ausweitung der Produktionswerte aufgrund der Verbesserung der Wettbewerbsfähigkeit der betroffenen Industrien kann die Verringerung der Fertigungstiefe überkompensieren. Das ist insbesondere in den Exportbranchen zu erwarten, die im internationalen Handel Spezialisierungsvorteile erzielen und deshalb überdurchschnittlich wachsen.
Abbildung 7.4 zeigt in dieser Hinsicht ein gemischtes Bild. Einerseits ist der Wertschöpfungsanteil des verarbeitenden Gewerbes am Bruttoinlandsprodukt seit 1970 dramatisch zurückgegangen. Er fiel von ursprünglich 33,8% bis auf nur noch 20,6% im Jahr 2004. Offenbar hat in den letzten dreißig Jahren eine umfangreiche Deindustrialisierung Deutschlands stattgefunden.[52] Andererseits hat sich der Wertschöpfungsanteil des verarbeitenden Gewerbes

seit Mitte der neunziger Jahre, also gerade zu der Zeit, als der Basar-Effekt besonders stark war, stabilisiert. Er blieb von 1995 bis 2004 praktisch konstant (+0,1 Prozentpunkte). Die Beschäftigung im verarbeitenden Gewerbe hat sich jedoch, wie weiter unten gezeigt wird, in keiner Weise stabilisiert. Wertschöpfung und Beschäftigung sind zwar korreliert, aber aus Gründen, die in Kapitel 10 erläutert werden, nicht dasselbe.

Anteil der Bruttowertschöpfung des verarbeitenden Gewerbes
am Bruttoinlandsprodukt 1970–2004

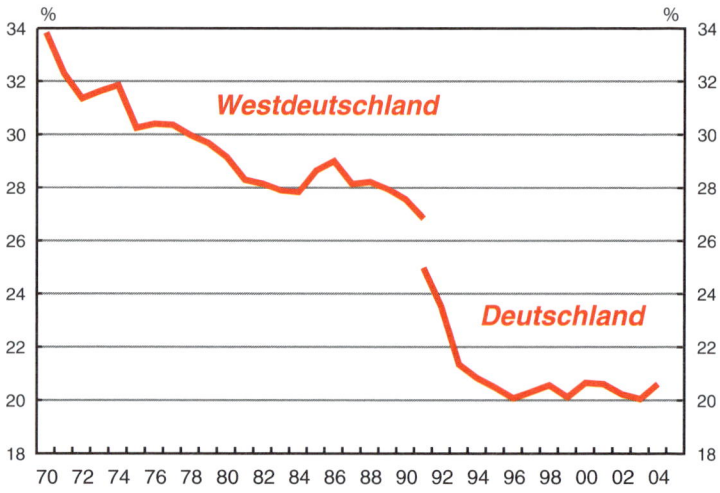

Quelle: Statistisches Bundesamt, Fachserie 18, Reihe S.21 (Westdeutschland; alte VGR), Reihe S.26 (Deutschland; Revision der VGR, Mai 2005); Berechnungen des ifo Instituts.

ABBILDUNG 7.4

Die in Abbildung 7.3 unterschiedenen Branchen haben ihre Wertschöpfungsanteile am gesamten Bruttoinlandsprodukt mit unterschiedlichem Erfolg verteidigen können. Alle sechs großen Industriebranchen sind in den letzten 30 Jahren anteilig geschrumpft, doch verlief der

Schrumpfungsprozess nicht gleichmäßig. Der erste Schub ging bis etwa 1984, und der zweite fand nach der Vereinigung bis Mitte der neunziger Jahre statt. Danach haben sich die Wertschöpfungsanteile im Wesentlichen stabilisiert. Es gibt nur einige kleinere Branchen, in denen der Anteil weiterhin abnahm. Nach ihrer Größe sortiert, sind dies die Branchen Verlags- und Druckgewerbe, Vervielfältigung (1,0% Anteil am BiP), Glasgewerbe, Keramik, Verarbeitung von Steinen und Erden (0,7%), Herstellung von Möbeln, Schmuck, Musikinstrumenten usw. (0,5%), Holzgewerbe ohne Herstellung von Möbeln (0,4%), Textilgewerbe (0,2%) und Bekleidungsgewerbe (0,1%).

Der Anteil der Bruttowertschöpfung ausgewählter Branchen am Bruttoinlandsprodukt 1970–2002

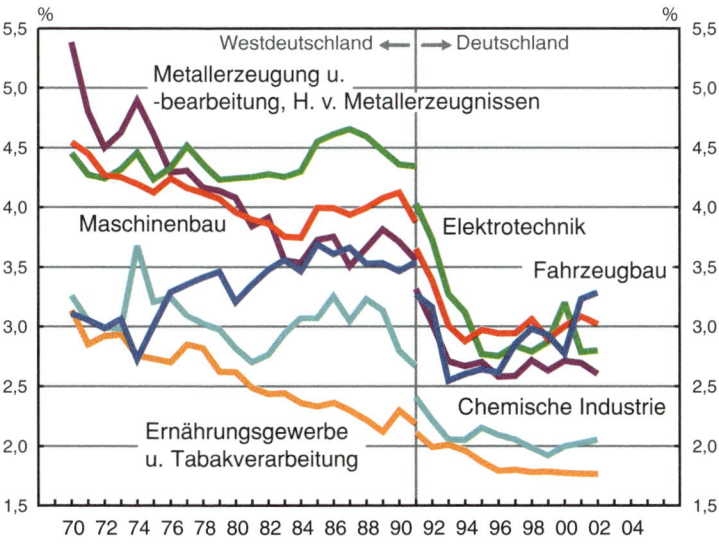

Quelle: Statistisches Bundesamt, Fachserie 18, Reihe S.21 (Westdeutschland; alte VGR), Reihe S.26 (Deutschland; Revision der VGR, Mai 2005); Berechnungen des ifo Instituts.

ABBILDUNG 7.5

Bemerkenswert ist insbesondere die Automobilindustrie, wo der Basar-Effekt besonders stark ausgeprägt war. Nach der Datenlage und ungeachtet der aktuellsten Probleme bei Opel, VW und Mercedes, die in den Statistiken noch nicht auftauchen, hat sie sich durch die rapide Verringerung der Fertigungstiefe tatsächlich retten können. Während die Fertigungstiefe von 36% auf 27% abnahm, gelang es der Automobilindustrie, ihren Anteil am Bruttoinlandsprodukt, der Anfang der neunziger Jahre eingebrochen war, fast wieder auf das zur Zeit der deutschen Vereinigung realisierte Niveau zu erhöhen. Die Basar-Strategie von VW, Porsche, Audi und all den anderen hat sich für die Unternehmen offenbar ausgezahlt.

# 8.

## Outsourcing wohin?

Die Basar-Hypothese war, nachdem ich sie im Herbst des Jahres 2003 formuliert hatte und die ersten Daten auf den Tisch kamen, nicht unwidersprochen geblieben. Die Kritik entbrannte insbesondere an den empirischen Fakten.

Die ersten Zweifel wurden von der *Financial Times Deutschland* geäußert. Die Zeitung bestätigte zwar die Aussage, dass der Wertschöpfungsanteil, den die Industrie an ihrer eigenen Produktion hat, durch *Outsourcing* zurückgeht. Sie vertrat aber die Meinung, dass es sich hierbei um ein *Outsourcing* in den inländischen Dienstleistungssektor handele:

> *»Der Haken an den Zahlen ist, dass die Wertschöpfung der Industrie auch und vor allem deshalb langsamer stieg, weil die deutschen Firmen einen internationalen Trend nachholten und Teile ihrer Produktion an Dienstleister auslagern; die entsprechende Wertschöpfung taucht jetzt in den Service-Statistiken auf, nicht in Osteuropa.«* [53]

Ähnlich äußern sich Morgan Stanley in der Studie *Germany: Turning Into a Bazaar?* Auch sie vermuten einen wesentlichen Effekt durch die Verlagerung von Vorleistungen in den Dienstleistungssektor und bestreiten die

Basar-These im Sinne einer Verringerung der Fertigungstiefe zugunsten des Auslands. So heißt es dort:

>>*Folglich gibt es keinen Grund anzunehmen, dass das Wachstum der Wertschöpfung fortwährend hinter dem Wachstum der Industrieproduktion herhinken würde.*<< [54]

Dieser Sachverhalt konnte inzwischen geklärt werden. Zwar stimmt es, dass es eine Tendenz zum *Outsourcing* aus der Industrie in andere Wirtschaftsbereiche gibt. So hat zum Beispiel das Leasing, auch durch die Industrie, in den letzten Jahren stark an Bedeutung gewonnen und sich zu einem wichtigen Wirtschaftszweig entwickelt.[55]

Dennoch erklärt das inländische *Outsourcing* die im vorigen Abschnitt dargestellte Verringerung der Fertigungstiefe nur zu einem ganz geringen Teil. Dies wurde vom ifo Institut alsbald festgestellt.[56] Abbildung 8.1 verdeutlicht das Ergebnis der aktualisierten Berechnungen des ifo Instituts auf der Basis der Input-Output-Statistiken des Statistischen Bundesamts.[57]

Abbildung 8.1 bezieht sich auf die Periode von 1995 bis 2004. Sie zeigt, dass die Industrieproduktion, also der reale Produktionswert, in dieser Zeit um 26% wuchs, während die reale Wertschöpfung in eben dieser Industrie um gerade einmal 9% anstieg. 17 der 26 Punkte Produktionswachstum wurden also nicht durch eine Zunahme der realen Wertschöpfung in der Industrie erklärt, sondern weisen auf die Bedeutung des *Outsourcing* und *Offshoring* hin. Interessanterweise war die Wachstumsrate der realen Industrieproduktion mit einem Wert von 26% ungefähr so hoch wie die Wachstumsrate des realen Bruttoinlandsprodukts der EU-Länder (24%). Sie lag deutlich über den Wachstumsraten des realen Bruttoinlandsprodukts in West- und Ostdeutschland, die nur 14% beziehungsweise

7% betrugen und damit die niedrigsten Werte in der EU
angenommen hatten (vgl. Abbildung 1.2).

Industrieproduktion, reale Wertschöpfung in der Industrie, Vorleistungen der Industrie aus dem Inland und aus dem Ausland
(verarbeitendes Gewerbe) 1991–2004, 1995 = 100

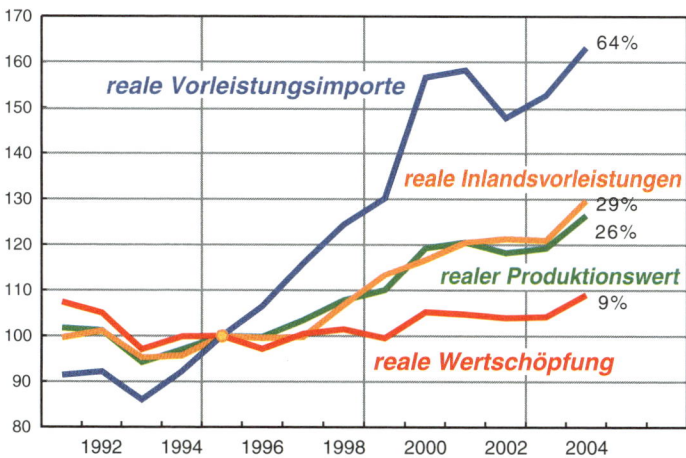

Legende: Realer Produktionswert bereinigt um Zwischenumsätze des Sektors. Realer
Produktionswert, reale Wertschöpfung und reale Vorleistungen gemäß Input-Output-
Tabellen, deflationiert und fortgeschrieben bis 2004 mit den sektoralen VGR-Daten.
Aufteilung der Vorleistungen in inländische und ausländische Vorleistungen nach den
Input-Output-Statistiken, Deflationierung der importierten Vorleistungen mit dem Ein-
fuhrpreisindex für „Vorleistungen ohne Energie", Fortschreibung mit dem Einfuhrwert
von Vorleistungsgütern. Die Tendenz der gezeigten Kurven ändert sich beim Übergang
zu nominalen Werten kaum.

Quelle: Hild, ifo Institut, a.a.O., und Sinn, *Ist Deutschland noch zu retten?*, a.a.O., ab 6. Auflage.
Zur Aktualisierung: Statistisches Bundesamt, Fachserie 18, Reihe 1.2 (VGR, Vorbericht 2004); Fachserie 7,
Reihe 1 (Außenhandel); Fachserie 17, Reihe 8 (Preisindizes für die Ein- und Ausfuhr).

ABBILDUNG 8.1

Wie nun kann die Differenz in den Wachstumsraten
der Industrieproduktion und der Wertschöpfung der Industrie erklärt werden? Die Antwort wird von den beiden
anderen Kurven der Abbildung gegeben, die den Zuwachs
der realen Vorleistungen darstellen, und zwar in Bezug auf
Lieferungen von anderen inländischen Sektoren (reale

Inlandsvorleistungen) sowie Importe aus dem Ausland (reale Vorleistungsimporte). Offenbar zeigen die Vorleistungen aus anderen inländischen Sektoren keinerlei Auffälligkeiten. Mit einem Zuwachs von 29% liegen sie nur wenig über dem Zuwachs der Industrieproduktion selbst. Demgegenüber schnellten die Vorleistungen, die von der Industrie aus dem Ausland bezogen wurden, rasant in die Höhe. Der Gesamtzuwachs lag in der betrachteten Zeitspanne von nur neun Jahren bei 64%.

Die Komponenten der Zunahme der Industrieproduktion
(Verarbeitendes Gewerbe 1995–2004)

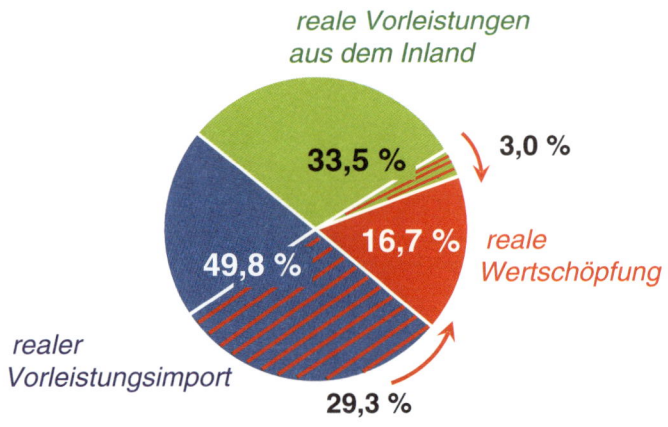

ABBILDUNG 8.2

Wenn man den Zuwachs der Industrieproduktion seit 1995 in seine Komponenten aufspaltet, wie in Abbildung 8.2 dargestellt, ist die Besonderheit der Entwicklung noch deutlicher zu erkennen. Nur 16,7% dieses Zuwachses wurden in der deutschen Industrie selbst erzeugt. Der weitaus überwiegende Teil, 83,3%, kam anderswoher, nämlich zu 33,5 Prozentpunkten aus anderen inländischen Sektoren und zu 49,8 Prozentpunkten aus dem Ausland.

Hätte sich die Aufteilung der Wertschöpfung in Eigenleistungen der Industrie, Zulieferungen aus anderen inländischen Sektoren und Importe seit 1995 nicht verändert, so hätte der Eigenbeitrag der Industrie zur Zunahme ihrer Produktion bei 49,0% statt bei 16,7% gelegen. Das Ausland hätte durch Vorleistungen lediglich 20,5% statt 49,8% beigesteuert, und die Wertschöpfung anderer inländischer Vorlieferanten wäre mit 30,5% statt mit 33,5% in die Produktion eingegangen. Diese Abweichungen zeigen, dass die eigene industrielle Wertschöpfung beim Zuwachs der Industrieproduktion auf geradezu dramatische Weise verdrängt wurde, nämlich um 32,3 Prozentpunkte (49,0% – 16,7%). Von diesen 32,3 Prozentpunkten entfallen 3 Prozentpunkte auf die inländischen Vorleistungen aus Nicht-Industrie-Sektoren und 29,3 Prozentpunkte auf ausländische Vorleistungen. Wenn man die Verdrängung als Rückgang der Fertigungstiefe interpretiert, kann man den Befund auch so ausdrücken, dass mehr als 90% (29,3 von 32,3) der Verringerung der Fertigungstiefe der Industrie seit 1995 auf eine Verlagerung von Produktion ins Ausland, aber nur knapp 10% (3,0 von 32,3) auf eine Verlagerung in andere inländische Sektoren, die nicht zur Industrie zählen, zurückzuführen sind. Es kann also kein Zweifel bestehen, dass sich die Tendenz zur Basar-Ökonomie in der betrachteten Zeitspanne von 1995 bis 2004 mit großer Kraft durchgesetzt hat.

\*\*\*

Die genannten Zahlen beziehen sich auf die gesamte Produktion des verarbeitenden Gewerbes. Doch es scheint, dass die Tendenz zur Basar-Ökonomie auch bei anderen Teilgruppen der deutschen Produktion zu beobachten ist, was ich in meinem Buch »*Ist Deutschland noch zu retten?*«

nur vermuten konnte. So hat das Statistische Bundesamt diese Tendenz in einer eigenen Untersuchung zu den Implikationen seiner Input-Output-Analyse auch für die Teilgruppe der Exportprodukte festgestellt. In der Studie des Amtes heißt es:

>*Nach der vorliegenden Analyse hat sich im Zeitraum 1991 bis 2002 das Verhältnis zwischen in den Exporten enthaltener inländischer Bruttowertschöpfung und importierten Vorleistungen stark zu Gunsten des Auslandes verschoben. 1991 lag der (nominale) Importanteil der deutschen Exporte noch bei 26,7 %, stieg insbesondere zwischen 1995 (29,7 %) und 2000 (38,1 %) stark an und erreichte 38,8 % im Jahr 2002.*«[58]

Hiernach lag also der Importanteil an den Exporten zuletzt bei etwa 39 % oder zwei Fünfteln. Entsprechend lag der Anteil der deutschen Wertschöpfung an den Exporten bei etwa 61 % oder drei Fünfteln.

Manchmal wird argumentiert, der Name Basar-Ökonomie sei so lange unangebracht, wie die Vorlieferungen aus dem Ausland noch bei weniger als 50 % der Exporte lägen. So heißt es in einem populären Buch:

>*Der Inlandsanteil von drei Fünfteln zeigt …, wie falsch das von Sinn geprägte Bild eines ›Basars‹ ist, das den Eindruck erwecken soll, bei unseren Exporten handele es sich überwiegend um im Ausland produzierte Güter, die gerade noch mit dem Etikett ›Made in Germany‹ versehen werden.*«[59]

Nun, ich wiederhole, dass ich keine semantischen Diskussionen betreibe und selbst immer betont habe, dass Deutschland zwar noch keine Basar-Ökonomie ist, sich aber dorthin entwickelt. Die Entwicklung habe ich an der

Verringerung der Fertigungstiefe zugunsten des Auslands festgemacht, die ich Basar-Effekt genannt habe.

Dennoch sei der Hinweis erlaubt, dass die starke Zunahme der exportinduzierten Vorleistungen impliziert, dass die marginale Quote der exportinduzierten Importe bereits deutlich über der für das Jahr 2002 ausgewiesenen durchschnittlichen Quote von 38,8% liegen muss. Die marginale Quote sagt, wie viel zusätzlicher Import durch eine zusätzliche Einheit Exporte ausgelöst wird. Die durchschnittliche Quote sagt, wie viel Importe pro Einheit Export im Durchschnitt aller Exporte induziert werden. Da die durchschnittliche Quote steigt, muss die marginale Quote über der durchschnittlichen Quote liegen, denn ein Durchschnitt wird größer, wenn das, was hinzukommt, größer als der Durchschnitt ist.

Es ist wie bei einem Kartoffelhaufen, auf den man weitere Kartoffeln legt. Die neuen Kartoffeln sind die marginalen Kartoffeln. Steigt das Durchschnittsgewicht der Kartoffeln im Haufen, nachdem die marginalen Kartoffeln hinzugelegt wurden, müssen diese Kartoffeln ja wohl schwerer sein als der Durchschnitt der Kartoffeln, die sich schon im Haufen befanden.

Schon die Abbildung 8.2, die sich auf das gesamte verarbeitende Gewerbe bezieht und nur die Jahre 2004 und 1995 vergleicht, zeigt, dass die reale marginale Quote der Importe bezüglich der Produktion des verarbeitenden Gewerbes bei knapp 50% (49,8%) liegt. Aber die Produktion des verarbeitenden Gewerbes ist ja nicht mit dem Export gleichzusetzen.

Die relevanten Daten für die realen Exporte und die realen exportinduzierten Vorleistungen, die der gerade zitierten Aussage des Statistischen Bundesamts zugrunde liegen, werden in Abbildung 8.3 dargestellt. Dabei stehen leider nur Datenpunkte für jene vier Jahre (1991, 1995,

2000, 2002) zur Verfügung, für die das Amt seine Berechnungen durchgeführt hat. Normalerweise ist das für eine statistische Interpretation zu wenig. Jedoch werden hier Grundgesamtheiten und nicht nur Stichproben betrachtet, und zudem liegen die vier Datenpunkte ziemlich genau auf einer Geraden, wie es in der Zeichnung verdeutlicht ist. Die Streuung der Datenpunkte um diese Gerade ist praktisch null.

Exporte und exportinduzierte Vorleistungsimporte
Mrd. Euro

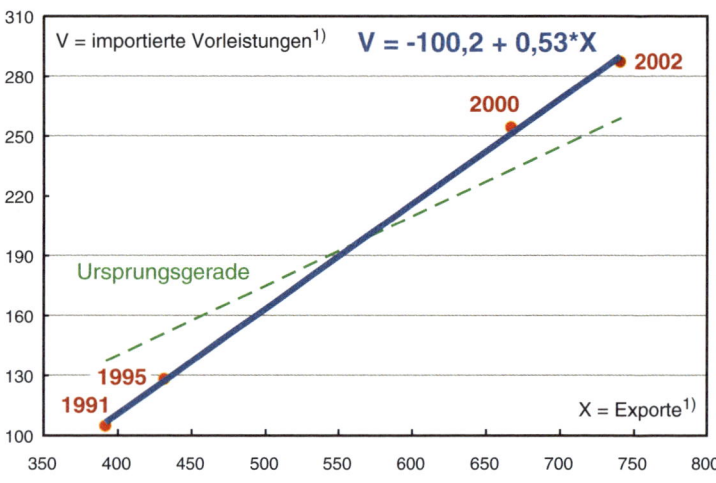

1) Beide Variablen sind mit dem Preisindex der Exporte deflationiert.

Quelle: Statistisches Bundesamt, Volkswirtschaftliche Gesamtrechnung, Input-Output-Rechnung, Importabhängigkeit der deutschen Exporte und Fachserie 18, Reihe S.26; Berechnungen des ifo Instituts.

ABBILDUNG 8.3

Die Steigung der Geraden beträgt 0,53.[60] Das bedeutet, dass ein realer Exportanstieg um einen Euro die realen exportinduzierten Vorleistungsimporte um 53 Cent erhöht, während die reale inländische Wertschöpfung um nur 47 Cent zunimmt.[61] Auch wenn man den Basar-Effekt an der 50-Prozent-Grenze festmachen wollte, statt ihn als

Abnahme der Fertigungstiefe zu definieren wie ich, liegt insofern also bereits ein marginaler Basar-Effekt vor. Deutlich mehr als die Hälfte des zusätzlichen Exportwerts geht postwendend in den Import zusätzlicher Vorleistungen, die für die Produktion dieses Exportwerts benötigt werden.[62]

Im Übrigen ist die durchschnittliche Quote der exportinduzierten Vorleistungsimporte in den letzten Jahren so rasch gestiegen, dass auch sie bei einer Fortsetzung des Trends bereits in etwa sechs bis sieben Jahren über 50% liegen wird. Schon an der Graphik erkennt man, dass die Gerade, die die Punkte verbindet, steiler ist als eine Gerade, die vom gedanklichen Ursprung des Diagramms durch die Punktwolke gezogen werden kann. Auch das zeigt, dass die durchschnittliche Quote im Laufe der Zeit immer größer wird.

Ökonomen pflegen die Beziehung zwischen marginalen und durchschnittlichen Größen auch durch ihren Quotienten auszudrücken, den sie »Elastizität« nennen. So ist die Elastizität des Gewichts des Kartoffelhaufens bezüglich der Zahl der Kartoffeln gleich dem Quotienten aus dem Gewicht der marginalen und dem Gewicht der durchschnittlichen Kartoffel. Die Elastizität besagt, um wie viel Prozent das Gesamtgewicht des Haufens steigt, wenn die Stückzahl der Kartoffeln um 1% zunimmt. Betrachten wir ein Beispiel: Auf einem Haufen liegen schon 1.000 Kartoffeln mit einem Durchschnittsgewicht von 100 Gramm, was einem Gesamtgewicht von 100 Kilogramm entspricht. Nun kommen 10 Kartoffeln oder ein Prozent der schon vorhandenen Zahl an Kartoffeln hinzu, die ein mittleres Gewicht von 110 Gramm haben und zusammen 1,1 Kilogramm wiegen. Die Elastizität des Gesamtgewichts bezüglich der Zahl der Kartoffeln ist dann das Gewicht einer marginalen Kartoffel geteilt durch das Gewicht einer durchschnittlichen Kartoffel, oder 110 Gramm/100 Gramm = 1,1. Die Vergrößerung der Kartoffelmenge um 1% hat also das Gewicht des Haufens um 1,1% vergrößert, nämlich von 100 Kilogramm auf 101,1 Kilogramm. Wären die neu hinzukommenden Kartoffeln genauso schwer wie die, die schon da waren, wäre die Elastizität genau eins. Wären sie leichter, wäre die Elastizität kleiner als eins. Da sie schwerer sind als die bereits vorhandenen Kartoffeln, ist die Elastizität größer als eins.

Wendet man diese Überlegungen auf die Importzahlen an, so kann man verschiedene Elastizitäten berechnen. Betrachten wir zunächst die Elastizität des realen exportinduzierten Imports bezüglich des realen Exports. Sie ist offenbar gleich 1,36, also 53% geteilt durch 39%. Eine Erhöhung des realen Exports um 1% erhöht die realen exportinduzierten Importe um 1,36%.

Nach der gleichen Methode kann man eine Elastizität der realen exportinduzierten Wertschöpfung bezüglich des realen Exports berechnen. Wie erläutert, ist die marginale Zunahme der realen exportinduzierten Wertschöpfung bezüglich des realen Exports 47%, also eins minus 53%, und die durchschnittliche exportinduzierte Wertschöpfung ist 61%, also eins minus 39%. Der Quotient dieser beiden Größen, also 47%/61%, ist gleich 0,77. Er misst die gesuchte Elastizität und besagt, dass die Erhöhung des realen Exportvolumens um 1% die exportinduzierte Wertschöpfung nur um 0,77% vergrößert. Die Wertschöpfung läuft also hinter dem Export her.

Dasselbe Phänomen kann man auch umgekehrt und völlig äquivalent so ausdrücken, dass die Exportmenge der im Export erzeugten Wertschöpfung vorauseilt. Die entsprechende Elastizität des realen Exports bezüglich der realen Wertschöpfung ist einfach nur der Kehrwert der gerade berechneten Elastizität, also $1/0{,}77 = 1{,}30$. Danach steigt also die Exportmenge um 1,3%, wenn die reale Wertschöpfung im Export um 1% zunimmt. Eine stärkere Spezialisierung Deutschlands, die die für den Export arbeitenden Produktionsfaktoren vermehrt und deshalb die Wertschöpfung im Export vergrößert, führt wegen des Basar-Effekts zu einer überproportionalen Ausweitung des Exportvolumens, die weit über die Steigerung der Wertschöpfung hinausgeht – ein Phänomen, das man im Zusammenhang mit der Interpretation der deutschen Exportziffern im Auge behalten sollte.

Die überproportionale Ausweitung des Exportvolumens ist eine unmittelbare Konsequenz der Spezialisierung auf die kundennahen Endstufen der Produktion, wie sie durch den Basar-Effekt verursacht wird. Wenn in diesen Endstufen immer mehr Wertschöpfung für den Export stattfindet, dann müssen immer mehr Vorprodukte importiert werden. Diese werden mit den im Inland erstellten Produktteilen physisch verbunden und dann anschließend, gleichsam als Kuppelprodukte, gemeinsam mit ihnen wieder exportiert. Die exportorientierte Wertschöpfung in den Basaren erzeugt also quasi im Huckepackverfahren einen Durchfluss von Waren durch das exportierende Land, der sich in einer überproportionalen Erhöhung der Exporte und Importe äußert. Eine Spezialisierung auf kundenferne Teile der Produktionskette, also die im Produktionsprozess vorher, quasi »stromaufwärts« angesiedelten Aktivitäten, hätte diese Wirkung nicht. Die exportinduzierte Wertschöpfung würde zwar auch erhöht, doch ginge damit kein überproportionaler, sondern ein unterproportionaler Anstieg des Exportvolumens einher.

***

Der Basar-Effekt hat übrigens erhebliche Bedeutung für die Konjunkturübertragung vom Ausland ins Inland. Wie in Kapitel 3 (Abbildung 3.1 und Tabelle 3.1) erläutert worden war, boomte die Weltwirtschaft im Jahr 2004 wie seit 28 Jahren nicht mehr, und der deutsche Export zog um 9 % an. Aber die deutsche Wirtschaft machte den Boom trotzdem nicht mit. Da 2003 der deutsche Export 36 % des Bruttoinlandsprodukts ausmachte, hätte man für den Übergang zum Jahr 2004 auf den ersten Blick ein nachfrageinduziertes Wachstum der deutschen Wirtschaft von 3,2 % (36 % von 9 %) erwarten können. Berücksichtigt man aber, dass sich nur 47 % der zusätzlichen Exportnachfrage im Inland direkt in eine erhöhte Wertschöpfung übertragen, ergibt sich ein Wachstumseffekt von nur noch 1,5 % (47 % von 3,2 %). Auch dies ist einer der Gründe, warum die deutsche Wirtschaft im Jahr 2004 am Boom der Weltwirtschaft nur in sehr geringem Maße teilhatte und insgesamt nur um 1,6 % wuchs.[63] Dies wird vom Grundsatz her durch die Argumentation der volkswirtschaftlichen Abteilung der HypoVereinsbank in München bestätigt. Sie kommt zu dem Schluss, dass der Basar-Effekt zur Entkoppelung zwischen deutscher Konjunktur und Weltkonjunktur beiträgt.[64]

Auch der Sachverständigenrat hat sich den Befund des Statistischen Bundesamts zu Eigen gemacht. Er zitiert die Zahlen zwar mit dem Distanz signalisierenden Satz:

*»Überspitzt wird dies als Tendenz zur Basar-Ökonomie bezeichnet.«* [65]

(Mit fast den gleichen Worten, als stammte dieser Satz aus derselben Feder wie der Text des Sachverständigenrats, äußert sich das Statistische Bundesamt in einer internen Mitteilung vom 5. Januar 2005.) Wie die weiteren Ausführungen des Rates zeigen, bezieht sich die Distanz jedoch nicht auf den Befund als solchen, sondern nur auf den negativen Unterton des Wortes Basar-Ökonomie. Von der Sache her räumt der Rat ein, dass der Basar-Effekt

*»... zumindest teilweise eine mögliche Erklärung bieten (kann), dass die positive außenwirtschaftliche Entwicklung in den zurückliegenden Jahren nicht die allgemein erwartete Initialzündung für die binnenwirtschaftliche Belebung war.«* [66]

Dessen ungeachtet betont der Rat zu Recht, dass der Exporteffekt auf die Konjunktur per saldo positiv war.

\*\*\*

Der Sachverständigenrat erweitert die Analyse des Statistischen Bundesamts insofern, als er zeigt, dass nicht nur der Anteil der importierten Vorleistungen an der Gesamtheit der deutschen Exporte steigt, sondern auch der Anteil der importierten Vorleistungen an den Exporten des verarbeitenden Gewerbes:

*»Der Importanteil der Exporte des Verarbeitenden Gewerbes im Zeitraum der Jahre 1991 bis 2000 – aktuellere Daten stehen auf der sektoralen Ebene für eine Input-Output-Analyse nicht zur Verfügung – stieg merklich von 26,7vH auf 38,1vH an.«* [67]

Interessanterweise entsprechen diese Zahlen ziemlich genau den oben zitierten Zahlen für den Export aller Sektoren.

Wie man es auch dreht und wendet: Es kann als gesichert gelten, dass sich die Fertigungstiefe der deutschen

Wirtschaft in den letzten Jahren durch eine Produktionsverlagerung ins Ausland extrem stark verringert hat. Das
gilt für

• das verarbeitende Gewerbe (ifo),
• die Exportwirtschaft im Ganzen (Statistisches Bundesamt),
• die Exportwirtschaft innerhalb des verarbeitenden Gewerbes (Sachverständigenrat).

Damit ist die Basar-Hypothese entgegen der Vermutung
der Autoren der *Financial Times Deutschland* und von Morgan Stanley zweifelsfrei bestätigt worden. Massiver als
durch solche Zahlen kann der statistische Nachweis nicht
geführt werden.

# 9.

## WARUM DEUTSCHLAND
### STÄRKER BETROFFEN IST

Nun kann man natürlich darauf verweisen, dass der für Deutschland nachgewiesene Basar-Effekt auch anderswo zu beobachten ist. Das ist die Position, die die *Financial Times Deutschland* vertreten hat, nachdem klar geworden war, dass ihre These vom *Outsourcing* in den Dienstleistungssektor nicht stimmte. So schrieb sie, es

> »...*deutet nichts darauf hin, dass die Verlagerung von Produktionsteilen ins Ausland in Deutschland ein größeres Maß erreicht hätte als im Rest der Welt.*« [68]

Richtig daran ist, dass Deutschland im Vergleich zu anderen Ländern noch immer einen hohen eigenen Wertschöpfungsanteil an seiner Industrieproduktion aufweist. Dank der Spezialisierung auf die Industrieproduktion, die traditionell die deutsche Stärke war, benötigte die Industrie bislang weniger Vorleistungen aus dem Ausland als die Industrien der meisten anderen Länder. Außerdem ist Deutschland ein großes Land, und große Länder haben naturgemäß einen vergleichsweise kleinen Anteil importierter Vorleistungen, da die Wahrscheinlichkeit, dass die Zulieferer sich im eigenen Land befinden, größer ist.

Dabei handelt es sich um eine einfache geometrische Gesetzmäßigkeit. Um sie zu verstehen, nehme man die

Landkarte Europas und stelle sich vor, die wirtschaftlichen Aktivitäten seien unabhängig von der Lage der Grenzen gleichmäßig im Raum verteilt. Die Fläche eines beliebig definierbaren Gebiets steht dann in fester Proportion zu seiner Wertschöpfung und zu seinem Produktionsvolumen, und die Länge der Grenze dieses Gebiets steht in fester Proportion zur Menge der grenzüberschreitenden Handelsströme. Von Sondereffekten, die mit den Außengrenzen Europas zu tun haben, sei der Einfachheit halber abstrahiert. Nun zeichne man einen Kreis um einen beliebigen Punkt, um so die Lage und Größe eines fiktiven Landes darzustellen. Je kleiner der Radius, desto größer ist der Kreisumfang im Verhältnis zur Kreisfläche, desto größer sind also die grenzüberschreitenden Vorleistungen im Verhältnis zur Wertschöpfung und zur Produktion des Landes.

Wegen ihrer Größe hat Deutschlands Industrie ein recht hohes Eigenleistungsniveau. Dieses Niveau geht jedoch im internationalen Vergleich besonders schnell zurück. Abbildung 9.1 zeigt, dass die Fertigungstiefe der Industrie in Deutschland wesentlich schneller fällt als in den anderen alten EU-Ländern. Während der Abstand zwischen Deutschland und den anderen EU-Ländern im Jahr 1991 noch bei 4,0 Prozentpunkten gelegen hatte, betrug er im Jahr 2002 nur noch 3,0 Prozentpunkte. Deutschland verliert seine Sonderstellung und konvergiert gegen den Durchschnitt der anderen EU-Länder, obwohl es als größtes EU-Land wegen des beschriebenen geographischen Effekts eigentlich dauerhaft eine höhere Fertigungstiefe behalten müsste, wenn die geographische Verflechtung seiner Unternehmen sich nicht von der in anderen Länder unterscheidet. Die Zukunft wird erweisen, wie weit dieser Konvergenzprozess tatsächlich führt. Bislang ist die deutsche Sonderentwicklung jedoch unübersehbar.

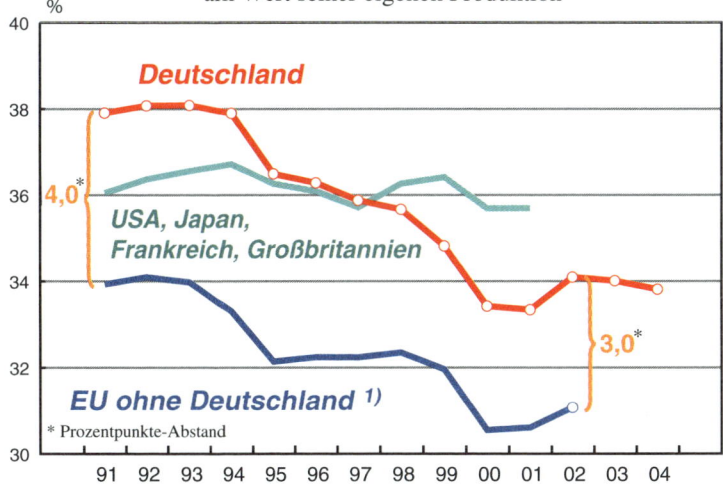

**Der Basar-Effekt im internationalen Vergleich**
Anteil der Bruttowertschöpfung des verarbeitenden Gewerbes
am Wert seiner eigenen Produktion

1) Belgien, Dänemark, Finnland, Frankreich, Italien, Luxemburg, Niederlande,
Österreich, Portugal, Schweden, Spanien und Großbritannien.

Quelle: Statistisches Bundesamt, Fachserie 18, Reihe S.26; OECD, STAN database for Industrial
Analysis; Deutsche Bundesbank; Berechnungen des ifo Instituts.

ABBILDUNG 9.1

Informativ ist in diesem Zusammenhang auch ein Vergleich mit anderen großen Ländern. Die türkisfarbene Kurve zeigt die Entwicklung der durchschnittlichen Fertigungstiefe in den USA, Japan, Großbritannien und Frankreich. Deutschland (rot) hatte Anfang der neunziger Jahre noch eine um fast 2 Prozentpunkte höhere Fertigungstiefe als diese Länder, Mitte der neunziger Jahre aber haben wir fast gleichgezogen. Und inzwischen liegen wir um 2,4 Prozentpunkte unter diesen Ländern. Auch dieser Vergleich bestätigt, dass das Phänomen in Deutschland stärker ausgeprägt ist als anderswo.[69]

Einen dritten Beleg für einen deutschen Sonderweg bieten die Informationen, die in Tabelle 9.1 zusammengefasst sind. Die Tabelle zeigt, dass die aus dem Ausland bezogenen Vorleistungen der europäischen Volkswirtschaften in der Zeitspanne von 1995 bis 2000 überall zunahmen. Dies deutet darauf hin, dass der Basar-Effekt ein generelles europäisches Phänomen ist. Indes lag die Zunahme in Deutschland mit 6 Prozentpunkten an der Spitze, vor Schweden mit 5 Punkten und deutlich über dem Durchschnitt von 3,7 Punkten.

### Der Anteil ausländischer Vorprodukte an allen Vorprodukten der Wirtschaft (%)

|  | Jahr | Anteil in % | Zunahme des Anteils in Prozentpunkten |
|---|---|---|---|
| Italien | 1995 | 17 | |
| | 2000 | 19 | +2 |
| Dänemark | 1995 | 22 | |
| | 2000 | 26 | +4 |
| Finnland | 1995 | 20 | |
| | 2000 | 24 | +4 |
| Niederlande | 1995 | 29 | |
| | 2000 | 30 | +1 |
| Österreich | 1995 | 25 | |
| | 2000 | 29 | +4 |
| Schweden | 1995 | 23 | |
| | 2000 | 28 | +5 |
| Deutschland | 1995 | 20 | |
| | 2000 | 26 | +6 |

Legende: Alle Werte beziehen sich auf die Gesamtwirtschaft. Erfasst sind alle Länder, für die Eurostat Daten zur Verfügung gestellt hat.
Quelle: Eurostat, CIRCA Datenbank.

TABELLE 9.1

Einen weiteren Hinweis gibt die Direktinvestitionsstatistik der EU (Eurostat), die Deutschland an der Spitze aller Länder zeigt. Danach war der von Deutschland direkt in den osteuropäischen EU-Ländern investierte Kapitalstock im Jahr 2002 mit 27 Milliarden Euro größer als der von England und Frankreich zusammen (21 Milliarden Euro) und weitaus höher als der von den USA geschaffene (9,4 Milliarden Euro). [70]

***

Diese Informationen passen zu der schon in Kapitel 4 getroffenen Feststellung, dass Deutschland von der Beteiligung der exkommunistischen Länder am Welthandel besonders stark betroffen ist. Für die Sonderstellung gibt es eine Reihe von Gründen.

Sehr wichtig ist sicher die geographische und kulturelle Nähe, die den Austausch mit Osteuropa leicht macht. Der deutsche Unternehmer setzt sich des Morgens in sein Auto und fährt zu seiner Niederlassung in Krakau, schaut dort nach dem Rechten und kehrt abends wieder nach Hause zurück. Deutsch, die zweite Fremdsprache nach Englisch, spricht man in seiner Niederlassung fließend. Verständigungsprobleme gibt es nicht (Abbildung 9.2). [71]

Wenn sein Kollege aus Frankreich das Gleiche tun möchte, muss er mit dem Flugzeug nach Warschau fliegen, sich einen Mietwagen nehmen und dann weite Strecken über das Land fahren. Außerdem muss er vorher den Dolmetscher abholen, wenn er nicht mit Hilfe seines französisch-polnischen Wörterbuchs radebrechen will. Zwar könnte er sich auf Englisch verständigen, aber das fällt ihm schwer. Kaum ein Franzose mag Englisch sprechen, und nur wenige Polen sprechen Französisch. Die Verständi-

gungsprobleme sind enorm. Und wenn die in Polen gefer-
tigten Vorprodukte in Frankreich weiterverarbeitet werden sollen, dann müssen sie erst den ganzen weiten Weg
durch Deutschland zurücklegen. Das alles ist so viel kom-
plizierter als für den deutschen Unternehmer, weshalb
sich, außer im frankophilen Rumänien, nur wenige Franzosen als Unternehmer in Osteuropa versuchen.

Schüler im allgemeinen Sekundarbereich,[1]
die 2003 Englisch, Deutsch oder Französisch lernten

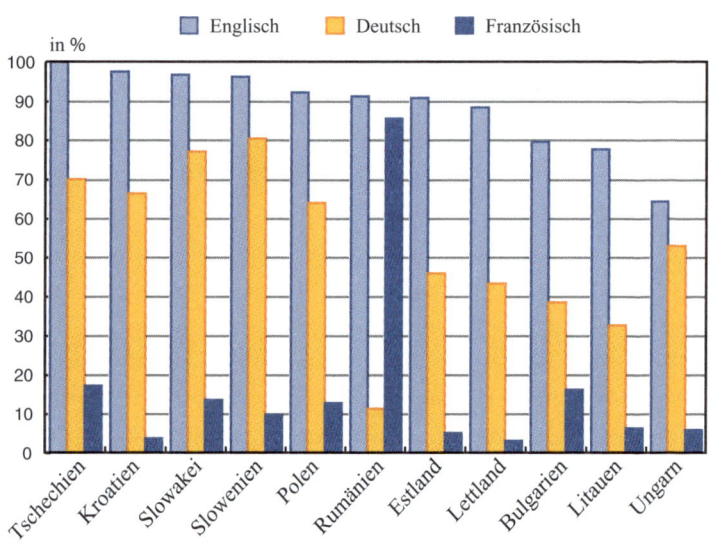

1) Schüler in der Unter- und Oberstufe enstsprechend den Stufen 2 und 3 nach der
International Standard Classification of Education (ISCED) in % aller Schüler dieser
Stufe.

Quelle: Eurostat, Datenbank: Bildungsindikatoren: Sprachen.

ABBILDUNG 9.2

Hinzu kommt, dass Deutschland über weltweite Absatzmärkte für die in Osteuropa fabrizierten Waren verfügt und insofern nicht durch Sättigungseffekte auf dem
heimischen Absatzmarkt behindert ist. Seit dem 19. Jahr-

hundert, als Waren mit dem Gütesiegel »Made in Germany« die Weltmärkte eroberten und die britischen Industrieprodukte verdrängten, haben deutsche Produkte weltweit einen hervorragenden Ruf. Wenn der Preis stimmt, finden sie ihre Kunden. Die Vize-Weltmeisterschaft beim Export (Abbildung 1.1) belegt, dass der deutsche Basar nach wie vor gut besucht ist. Jedoch werden gerade deshalb die Lohnkosten zum entscheidenden Wettbewerbsthema. Wenn eine international gut eingeführte Firma wachsende Wertanteile ihrer Produktpalette in Osteuropa produzieren lässt, kann sie ihre Kosten senken und ihre Gewinne steigern. Das ist ein praktisch sicheres Geschäft, das Länder, die nicht über entsprechende Absatzmärkte verfügen, so nicht machen können.

Das einzige Problem für Deutschland ist, dass gerade wegen der guten Verbindungen nach Osteuropa der Wettbewerbsdruck auf den Arbeitsmärkten besonders groß ist. Die deutschen Industriearbeiter werden wie niemand sonst in Europa von ihren Arbeitgebern mit ihren Kollegen aus Osteuropa verglichen. Die monopolähnliche Stellung, die deutsche Arbeiter als alleinige Produzenten oder Zulieferer für den deutschen Industriebasar hatten, als der Eiserne Vorhang noch hielt, ist dahin. Und gerade weil diese Stellung so weidlich ausgenutzt worden ist, wie die deutsche Spitzenposition bei den Arbeitskosten beweist (Abbildungen 2.2 und 4.1), kommt es nun natürlich zu einer besonders intensiven Fluchtreaktion auf dem Wege des *Outsourcing* und *Offshoring*.

# 10.

## DIE GLOBALISIERUNGSGEWINNE
### SCHMELZEN

Der Basar-Effekt kennzeichnet die Entwicklung des verarbeitenden Gewerbes in Deutschland mindestens seit Mitte der neunziger Jahre und wirkt hierzulande stärker als anderswo. Die Fertigungstiefe des verarbeitenden Gewerbes hat sich speziell in Deutschland mit geradezu atemberaubendem Tempo verringert. Die Fakten liegen klar auf dem Tisch. Die Frage ist nur, ob diese Entwicklung gut oder schlecht ist. Wie ist das Phänomen zu bewerten? Wie kommt Deutschland mit der neuen Welle der Globalisierung, die seit der Beteiligung der exkommunistischen Länder zu beobachten ist, zurecht? Gelingt es uns, unsere bisherigen Handelsgewinne, denen wir den Wiederaufstieg nach dem Zweiten Weltkrieg verdanken, weiter zu steigern, oder gehen wir diesmal bei der Verteilung der Handelsgewinne leer aus?

Die Antwort ist schon deshalb nicht einfach, weil sich betriebs- und volkswirtschaftliche Sichtweisen nicht entsprechen.[72]

\*\*\*

Aus betriebswirtschaftlicher Sicht ist die Bewertung einfach. Da die Firmen ihre Produktion freiwillig ins Ausland verlagern, müssen sie ihre Gewinne dadurch ja wohl steigern können. Wäre das nicht der Fall, würden sie die Verlagerung nicht vornehmen. Natürlich könnte es sein, dass die Manager dumm sind und den Gewinn nicht maximieren. Management-Fehler anzunehmen ist zwar populär, aber angesichts der scharfen Konkurrenz um Manager-Posten wenig überzeugend. Die Aktionäre jedenfalls freuen sich darüber, dass die teuren deutschen Arbeiter durch ausländische Niedriglöhner ausgetauscht werden, und der DAX feiert stets wieder neue Rekorde. Dieses Argument ist so schrecklich richtig, dass es schon wieder trivial ist. Aus volkswirtschaftlicher Sicht gibt es nichts her, denn dass eine Gruppe der Gesellschaft ihr Einkommen steigern kann, besagt nicht, dass Deutschland insgesamt profitiert. Man kann die deutschen Arbeitnehmer als mögliche Verlierer des Prozesses nicht gedanklich ausblenden.

Dass die Arbeitnehmer Verlierer sein könnten, wird freilich bestritten. So ist zu hören, dass *Outsourcing* und *Offshoring* für die deutschen Arbeitnehmer gut seien, weil es für sie neue Arbeitsplätze schaffe. Deutsche Arbeitnehmer und ausländische Arbeitnehmer in den Niederlassungen seien Komplemente, also Partner, die sich gegenseitig brauchen. Je mehr Beschäftigung im Osten geschaffen werde, desto höher sei die Beschäftigung im Westen. Von einer Verlagerung von Arbeitslätzen nach Osteuropa könne insofern nicht die Rede sein. Das ist zu schön, um wahr zu sein. Wie eine ifo-Studie auf der Basis des Mikrodatensatzes über Direktinvestitionen bei der Deutschen Bundesbank gezeigt hat, gibt es für einen solchen Optimismus leider keine Veranlassung. Deutsche und ausländische Arbeitnehmer sind keine Komplemente, sondern Substitute und daher unmittelbare Lohnkonkurrenten.[73] Ausländische Arbeitnehmer ersetzen deutsche Arbeitnehmer eher, als dass sie sie ergänzen. Der Studie zufolge führt eine einprozentige Lohnerhöhung in Deutschland, gegeben die

Löhne der Osteuropäer, zu einer 2,1-prozentigen Beschäftigungszunahme in den osteuropäischen Niederlassungen dieser Unternehmen. Und umgekehrt führt eine Lohnsenkung bei den osteuropäischen Niederlassungen um 1% bei gegebenem deutschen Lohn zu einer Abnahme der deutschen Beschäftigung um 0,05%. Wären die Arbeitnehmer Komplemente, so müsste eine Lohnerhöhung in einem der beiden Wirtschaftsgebiete auch die Zahl der Arbeitsplätze im jeweils anderen Gebiet senken. Dass das nicht der Fall ist, kann nicht wirklich verwundern, denn die Vorstellung, es könnte sich bei der vielfach beklagten Niedriglohnkonkurrenz aus Osteuropa um eine optische Illusion handeln, die einer ökonometrischen Untersuchung nicht standhält, wäre denn doch wohl zu euphemistisch.

Auch die in Kapitel 7 zitierte Umfrage, die der Deutsche Industrie- und Handelskammertag im Jahr 2005 unter 7.500 deutschen Unternehmen vorgenommen hat, räumt in dieser Hinsicht mit manchen Illusionen auf. So wollen nur 13% der Unternehmen, die im Ausland investieren, ihren deutschen Personalbestand aufstocken. Die überwiegende Mehrheit (60%) plant trotz der Expansion beim ausländischen Personal keine Veränderung des inländischen Personalbestands, und 27% wollen die deutsche Beschäftigung sogar verringern. Und von jenen Unternehmen, die nicht wegen der Markterschließung, sondern aus Kostengründen im Ausland investieren, wollen gar nur 10% im Inland zusätzliche Stellen schaffen. 37% wollen stattdessen im Inland Stellen abbauen. Der DIHT fasst seine Ergebnisse mit der lapidaren Feststellung zusammen:

*»Die These, dass Auslandsinvestitionen spürbar positive Beschäftigungsimpulse (im Inland) setzen, kann mit den aktuellen Umfrageergebnissen nicht belegt werden.«*[74]

Bei den kostengetriebenen Auslandsinvestitionen kommt er sogar zu dem eindeutigen Schluss (S. 5), dass sie »mit negativen Beschäftigungseffekten im Inland« einhergehen. Dem ist wenig hinzuzufügen.

Trotz dieser Ergebnisse stimmt es freilich, dass die deutschen Unternehmen durch die Verlagerung von Teilen der Produktion nach Osteuropa gegenüber der Niedriglohnkonkurrenz aus Fernost wettbewerbsfähig bleiben und damit in vielen Fällen Arbeitsplätze retten, die sonst verloren gegangen wären. Die internationale Konkurrenz lässt den Unternehmen gar keine andere Wahl, als die arbeitsintensiven Teile der Produktion in Niedriglohnländer zu verlagern. Durch eine Mischkalkulation bei den Löhnen können die Unternehmen überleben und wenigstens einen Teil der deutschen Belegschaft halten. Ohne die Verlagerung hätte möglicherweise der gesamte Betrieb eingestellt werden müssen.

Die erschreckende Zunahme der deutschen Konkurse während der letzten Jahre ist ein Indiz für die Bedeutung dieses Arguments. Wer hier bleibt und so weitermacht wie bislang, geht mit größerer Wahrscheinlichkeit Konkurs als derjenige, der einen Teil der Produktion verlagert.

Man denke in dem Zusammenhang nur an die deutsche Automobilindustrie, die Anfang der neunziger Jahre in echte Schwierigkeiten gekommen war. Durch das *Outsourcing* und *Offshoring* nach Osteuropa hat sich diese Industrie wieder gut entwickeln können. Zwar ist die Zahl der in Deutschland beschäftigten Arbeitnehmer von 1991 bis 2002 um 44.000 Personen (von 1,069 Millionen auf 1,025 Millionen) zurückgegangen. Doch ist die Automobilindustrie nach der Krise Ende der achtziger und Anfang der neunziger Jahre wieder wettbewerbsfähig geworden und hat sich gegenüber der japanischen Konkurrenz behaupten können. Die Wiedergewinnung des früheren Wertschöpfungsanteils dieser Branche am Bruttoinlandsprodukt, die auch dank des Basar-Effekts möglich wurde (Abbildung 7.5), bestätigt den Erfolg. Da Volkswagen 164.000 Arbeitnehmer im Ausland beschäftigt, gelingt es, die 179.000 Personen starke Belegschaft in Deutschland zu halten.

Obwohl es stimmt, ist auch dieses Argument für eine tiefere Analyse nicht sonderlich hilfreich, denn es lautet doch im Grunde nur so: Die Boote schwimmen weiter, weil sie Ballast abwerfen. Das ist zwar gut für diejenigen Menschen, die an Bord bleiben dürfen, und für den Eigner des Schiffes, nicht aber für die anderen, die zum Ballast herabgewürdigt auf den Boden des Meeres sinken. Das Argument ist nicht nur sarkastisch, sondern auch volkswirtschaftlich zu kurz gedacht, denn es fehlt der Vergleich mit einer Strategie, die verhindert, dass überhaupt irgendjemand über Bord geht.

***

Volkswirtschaftliche Vorteile entstehen durch den Basar-Effekt nur dann, wenn er als Verbesserung der internationalen Arbeitsteilung verstanden werden kann, und das wiederum geht nur, wenn niemand auf der Reise verloren geht. Entweder wird ein kräftigeres Schiff gebraucht, das mehr Ladung zulässt, oder es muss ein anderes Schiff zu Hilfe kommen, das den Ballast übernimmt. Sprich: Durch *Outsourcing* und *Offshoring* dürfen nur so viele Arbeitskräfte freigesetzt werden, wie anderswo neue Beschäftigung finden. Ist diese Bedingung nicht gewährleistet, gibt es keine Handelsgewinne, oder zumindest ist die Existenz solcher Gewinne in Zweifel zu ziehen.

Die volkswirtschaftliche Argumentation für Wohlfahrtsgewinne durch den Basar-Effekt funktioniert in etwa so: Ein Glück, dass die Chinesen und Polen bereit sind, die industrielle Drecksarbeit auf den Vorstufen der Produktion für wenig Geld zu machen. Das gibt uns die Möglichkeit, die hierzulande freigesetzten Industriearbeiter an anderer Stelle besser zu verwenden. Sie könnten in den High-Tech-Sektor gehen und dort Arbeiten mit höherer Wertschöpfung erledigen, sie könnten sich im Dienstleistungsgewerbe betätigen, das in Deutschland unterentwickelt ist, oder sie könnten sich in der Bauwirtschaft verdingen, wo wir die Chinesen nicht einsetzen wollen. Wenn wir die Industriearbeiter besser verwenden als bislang und die entsprechenden Vorprodukte stattdessen importieren, gelingt es uns, neue Handelsgewinne zu erzielen und unseren Wohlstand weiter zu steigern.

Im Sinne dieser Interpretation ist es sogar denkbar, dass die stromaufwärts freigesetzten Arbeitnehmer stromabwärts, in den Basaren, eingesetzt werden. Deutschland baut seine Position als Handelsdrehscheibe zwischen Ost und West weiter aus und lebt zunehmend von den höherwertigen Tätigkeiten, die im Bereich von Forschung und Entwicklung, bei der Prozesssteuerung, bei der Verwaltung sowie beim Marketing und Vertrieb anfallen.[75]

Unser Land liegt an der Nahtstelle zwischen Ost und West. Es verfügt über eine umfangreiche Palette hochwertiger Industrieprodukte, deren Vielfalt von kaum einem anderen Land der Erde übertroffen wird (Kapitel 7). Es organisiert drei Viertel der großen Industriemessen der Welt. Das Land der stillen Stars im Mittelstand hat tatsächlich die Chance, sein Geld als der Basar der Welt zu verdienen, der zwar noch gewisse vorgelagerte industrielle Tätigkeiten vor Ort verrichtet, doch den Löwenanteil seiner Produktion in seinem osteuropäischen Hinterland erzeugen lässt.

Das alles sind indes nur Möglichkeiten. Damit weitere Wohlfahrtsgewinne aus der Verbesserung der internationalen Arbeitsteilung Realität werden, braucht ein Land gut funktionierende Faktormärkte für Arbeit und Kapital, die ein Feintuning des Strukturwandels ermöglichen und die Vollbeschäftigung der Faktoren sicherstellen, wie es in Kapitel 5 ausführlich erörtert wurde. Vorteile aus der Verbesserung der internationalen Arbeitsteilung zu erzielen heißt nämlich, dass für Arbeitsplatzverluste in einzelnen Branchen anderswo Ersatz entstehen muss. Der deutsche Kapitalmarkt ist hierfür wahrscheinlich hinreichend flexibel. Doch ob es auch der Arbeitsmarkt ist, ist mehr als fraglich.

***

Eine weitere Bedingung für zusätzliche deutsche Handelsgewinne aus der Verbesserung der internationalen Arbeitsteilung ist, dass die von Deutschland exportierten Waren relativ zu den importierten Waren teurer werden, so dass sich die internationalen Austauschrelationen (*Terms of Trade*) verbessern. Ist diese Bedingung erfüllt, kann das Land im Ausland Importgüter billiger kaufen, als es diese Güter selbst hätte herstellen können, und es erzielt Handelsgewinne.

Die Bedingung setzt voraus, dass die Handelspartner vor der Handelsöffnung, in der so genannten Autarkiesituation, in ihrem Land relativ höhere Preise für solche Güter hatten, wie sie Deutschland exportiert, als Deutschland selbst. Im Falle Osteuropas wäre es nicht unplausibel, die Gültigkeit dieser Bedingung zu unterstellen. So waren arbeitsintensiv produzierte Güter des täglichen Bedarfs wie Nahrungsmittel und einfache Kleidung extrem billig, doch Güter, die nur mit hohem Kapitalaufwand produziert werden konnten, wie Küchengeräte oder Autos, waren teuer. Wenn die Bedingung erfüllt ist, wird sich die Nachfrage nach den deutschen Exportgütern mit Eröffnung des Handels erhöhen, so dass Deutschland für seine Exporte bessere Preise erzielen kann und sie deswegen vergrößert.

Natürlich können die Exporte bei gegebenem Beschäftigungsvolumen der Gesamtwirtschaft nur steigen, wenn die mit den Importen konkurrierenden Sektoren schrumpfen und Kapital und Arbeit für die Exportproduktion frei wird. Insofern ist es nicht trivial, dass die Exporterhöhung dem Land Vorteile verschafft. Die Vermehrung des Exports zu Lasten der mit den Importen konkurrierenden Sektoren lohnt sich aber dennoch, weil man zusätzliche Importe wegen der Verbesserung der Austauschrelationen billiger kaufen als selbst herstellen kann.

***

Wie steht es nun tatsächlich um diese beiden Bedingungen in Deutschland? Abbildung 10.1 zeigt zunächst, wie sich die Exportpreise in Relation zu den Importpreisen, die so genannten Austauschrelationen oder *Terms of Trade*, seit 1950 verändert haben. Trotz der erheblichen Fluktuationen, die mit den Schwankungen der Wechselkurse zu tun haben, sieht man doch, dass die Phase des deutschen Wirtschaftwunders in den fünfziger und sechziger Jahren mit einer massiven Verbesserung der Austauschrelationen verbunden war. Das war die Zeit, als die Deutschen durch den Handel reich wurden. Danach wurde die Zeit angesichts der wachsenden internationalen Konkurrenz schwieriger. Im Wesentlichen gab es eine Seitwärtsbewegung, die besagt, dass es den Deutschen nicht gelang, ihre Exporte zu weiterhin verbesserten Konditionen zu verkaufen. Mit etwas Phantasie kann man seit Mitte der neunziger Jahre einen leicht fallenden Trend ausmachen, was nicht für eine weitere Erhöhung der Handelsgewinne spricht. Aber die

Phase ist noch zu kurz, um hier zu einem abschließenden Urteil zu kommen. Klar ist nur, dass die Zeiten der großen Handelsgewinne der Nachkriegsjahre vorbei sind.

Internationale Austauschrelationen (*Terms of Trade*)[1]

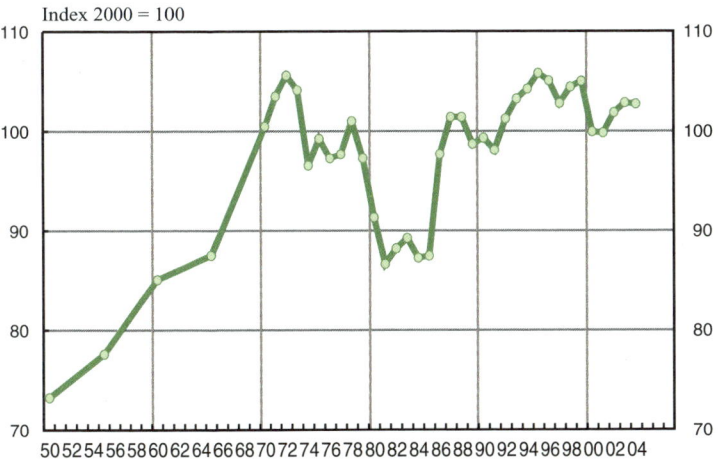

1) Preisindizes der Exporte in Relation zu den Preisindizes der Importe. 1950–1990 Westdeutschland, ab 1991 Deutschland..

Quellen: Statistisches Bundesamt, (1991–2004) Fachserie 18, Reihe S.26, Tabelle 2.3.3; (1970–1991) Reihe S.21, Tabelle 3.3.1; (1950–1970) Lange Reihen der Wirtschaftsentwicklung 1998, Wiesbaden 1999, Tabelle 15.3.

ABBILDUNG 10.1

Es ist bemerkenswert, dass die Verschlechterung der internationalen Austauschrelationen, die seit Mitte der neunziger Jahre zu beobachten ist, in etwa das bezeichnet, was die Bundesbank in den letzten Jahren in ihren Statistiken als »Verbesserung der preislichen Wettbewerbsfähigkeit« tituliert.[76] Das ist eine verwirrende Begriffsbildung, von der die Bank wieder Abstand nehmen sollte. An den harten Erkenntnissen der Außenhandelstheorie kommt man durch eine beruhigende Semantik nicht vorbei. Wenn sich die Austauschrelationen verschlechtern (und sich somit die preisliche Wettbewerbsfähigkeit verbessert), bekommt ein Land für seine Exporte weniger Importe, und das ist ein Zeichen für Handelsverluste.

\*\*\*

Leider sieht es auch mit dem zweiten Kriterium, der Fähigkeit des deutschen Arbeitsmarkts, für die freigesetzten Arbeiter anderswo neue Stellen zu schaffen, nicht besonders gut aus. Erstens kann nicht die Rede davon sein, dass stromabwärts, in den kundennahen Endstufen der Industrieproduktion, eben den Basaren, so viel Beschäftigung neu entsteht, wie stromaufwärts verloren geht. Und zweitens ist auch außerhalb der Industrie, in Sektoren, die vom *Outsourcing* und *Offshoring* nicht so stark betroffen sind, kein Ersatz für die wegfallenden Arbeitsplätze geschaffen worden.

Was den ersten Punkt betrifft, ist leider festzustellen, dass sich die Industriebeschäftigung anders als die industrielle Wertschöpfung (Abbildungen 7.4 und 7.5) in keiner Weise stabilisiert hat. Sie befindet sich im Gegenteil im freien Fall. Von einer Kompensation der wegfallenden Stellen innerhalb der Industrie selbst kann deshalb nicht die Rede sein. Von 1991 bis 2004 gingen im verarbeitenden Gewerbe bald 3 Millionen (2,96 Millionen) Arbeitsplätze oder 28% verloren. Dies war der stärkste prozentuale Rückgang aller OECD-Länder. Der Rückgang war sogar noch etwas stärker als in Japan, das in dieser Zeit bekanntlich unter einer großen Wirtschaftskrise litt.

Bei der Interpretation des deutschen Wertes ist zwar zu berücksichtigen, dass er auch mit dem Rückgang der industriellen Arbeit in den neuen Ländern zu tun hat. Doch ist das, wie Abbildung 10.2 zeigt, nur der kleinere Teil der

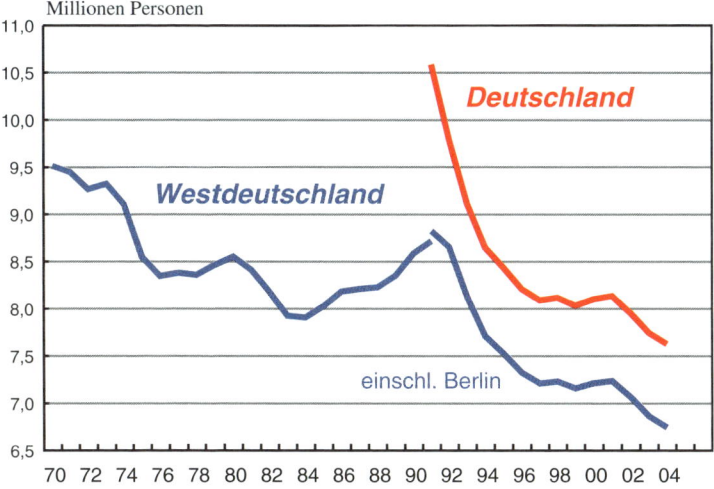

Erwerbstätigkeit im verarbeitenden Gewerbe

Millionen Personen

**Deutschland**

**Westdeutschland**

einschl. Berlin

Quelle: Statistisches Bundesamt, Fachserie 18, Reihe S.21 und Reihe S.26; Arbeitskreis VGR der Länder,
Volkswirtschaftliche Gesamtrechnung, Länderergebnisse, Reihe 1, Band 1, Rechenstand Februar 2005.

ABBILDUNG 10.2

Erklärung. Trotz der Integration von rund 2 Millionen im
ostdeutschen verarbeitenden Gewerbe beschäftigten Arbeitnehmern lag nämlich die gesamtdeutsche Beschäftigung im verarbeitenden Gewerbe im Jahr 2004 um
960.000 Personen oder 11,2% unter dem Niveau, das
allein Westdeutschland im Jahr der Vereinigung (1990)
hatte.

Der Rückgang der Beschäftigung im westdeutschen
verarbeitenden Gewerbe (einschließlich Westberlin) in
der Zeit von 1991 bis 2003 betrug ca. 2,0 Millionen Personen oder 22%. Damit liegt Westdeutschland, wie Abbildung 10.3 zeigt, unter den 20 OECD-Ländern, für die von
1991 bis mindestens 2001 Daten vorliegen, an vorletzter
Stelle. Die Entwicklung seiner Beschäftigung ist also nur
um einen Deut besser als im krisengeschüttelten Japan, das

mit der chinesischen Konkurrenz vor der Haustür mindestens so viele Probleme hat wie Deutschland.

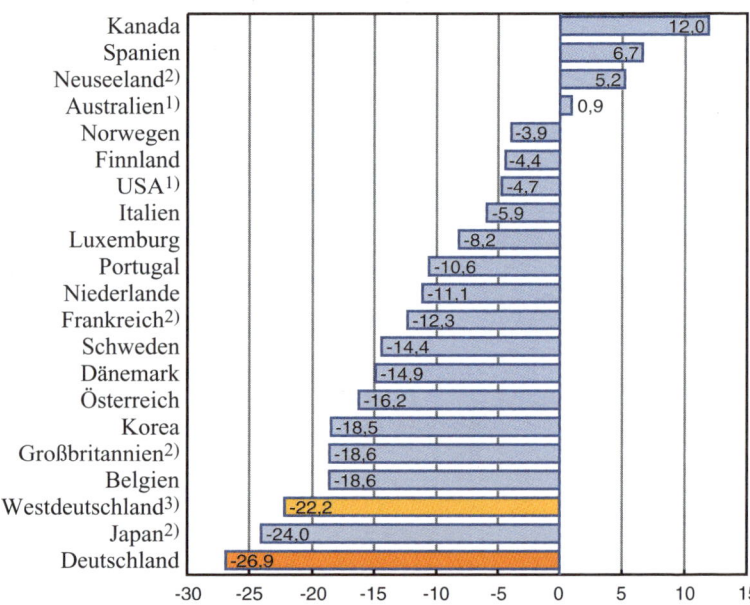

Erwerbstätige im verarbeitenden Gewerbe
Veränderung 1991–2003 in %

1) Australien, USA: 1991–2001. 2) Neuseeland, Frankreich, Großbritannien, Japan: 1991–2002. 3) Westdeutschland einschl. Berlin.

Quelle: OECD STAN, database for Industrial Analysis, 2005.

ABBILDUNG 10.3

Auch was den zweiten Punkt, die Kompensation der in
der Industrie wegfallenden Stellen durch andere Sektoren,
betrifft, liefern die Statistiken keine guten Nachrichten.
So ist die über alle Branchen gerechnete Arbeitslosenquote im Zeitraum von 1995 bis 2004 in Westdeutschland von
8,1% auf 8,5% und in Gesamtdeutschland von 9,4% auf
10,5% gestiegen.

Die Arbeitslosenquote ist jedoch insofern ein nur gro-
bes Maß, als sie durch Frühverrentungsmodelle, Teilzeit-

jobs sowie Umdefinitionen der Arbeitslosigkeit in den letzten Jahren erheblich modifiziert wurde. Deutlicher wird der fehlende Stellenaufbau in anderen Sektoren, wenn man die Veränderung der Beschäftigung der Sektoren in Vollzeitäquivalenten betrachtet, wie es in Abbildung 10.4 verdeutlicht wird. Man rechnet dabei mehrere Teilzeitstellen in vom Zeitaufwand gleiche Vollzeitstellen um, zählt also zum Beispiel zwei halbe Stellen wie eine ganze.[77]

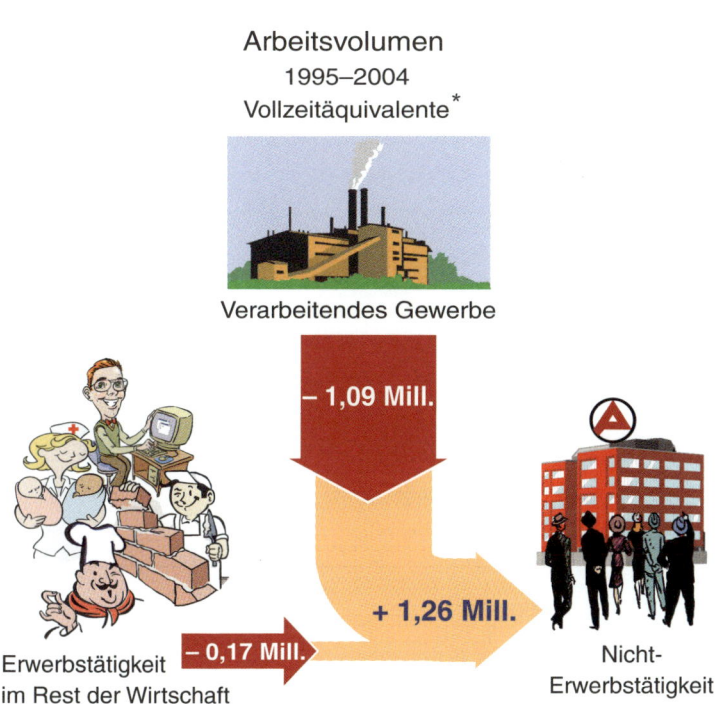

Arbeitsvolumen
1995–2004
Vollzeitäquivalente*

Verarbeitendes Gewerbe

– 1,09 Mill.

+ 1,26 Mill.

Erwerbstätigkeit
im Rest der Wirtschaft
– 0,17 Mill.

Nicht-
Erwerbstätigkeit

* Bereinigt um Arbeitstageeffekte, Basis 2000.

Quelle: Statistisches Bundesamt, Fachserie 18, Reihe S.26, Institut für Arbeitsmarkt- und Berufsforschung, Kurzbericht 10/2005, Berechnungen des ifo Instituts.

ABBILDUNG 10.4

Man sieht, dass von 1995 bis 2004, bereinigt um Kalendereffekte, im verarbeitenden Gewerbe 1,09 Millionen vollzeitäquivalente Arbeitsplätze verschwunden sind und dass im Rest der Wirtschaft netto keinerlei Arbeitsplätze zum Ersatz zur Verfügung gestellt wurden. Im Gegenteil, auch dort ging die Zahl der vollzeitäquivalenten Arbeitsplätze leicht zurück, wenn auch nur um 170.000. Per saldo sind in der Zeit von 1995 bis 2004 etwa 1,26 Millionen vollzeitäquivalente Arbeitsplätze in Deutschland verschwunden.

Erwerbstätigkeit in Deutschland

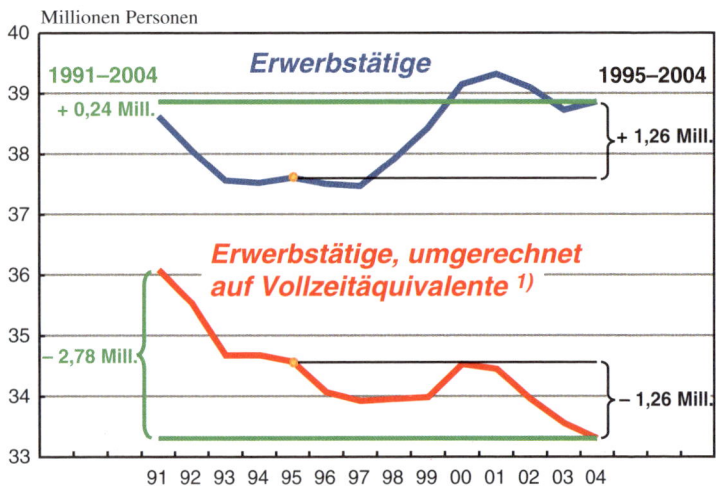

1) Referenzjahr für Arbeitstage und Arbeitszeit ist das Jahr 2000.

Quelle: Statistisches Bundesamt, Fachserie 18, Reihe 1.2, Institut für Arbeitsmarkt- und Berufsforschung, Kurzbericht 10/2005, Berechnungen des ifo Instituts.

ABBILDUNG 10.5

Wie sehr ein Blick auf die normalen Arbeitsmarktstatistiken die Sicht vernebeln kann, zeigt auch Abbildung 10.5. Dort wird die Entwicklung der offiziellen Zahl der Erwerbstätigen mit der Entwicklung der Zahl der vollzeitäquivalenten Beschäftigungsverhältnisse verglichen, die aufgrund der Statistik über das Arbeitsvolumen berechnet wurden. So ist die Zahl der offiziell Erwerbstätigen seit 1991 praktisch unverändert geblieben (+ 240.000), doch nahm die Zahl der vollzeitäquivalenten Stellen in derselben Zeit um etwa 2,78 Millionen ab. Und während die offizielle Beschäftigung von 1995 bis 2004 um 1,26 Millionen Personen zunahm, fiel die Zahl der Vollzeitäquivalente (zufällig) um exakt diese Zahl, nämlich ebenfalls 1,26 Millionen.

In Zusammenhang mit den Zahlen zur Entwicklung der Fertigungstiefe aus Kapitel 7 folgt also, dass es zwar Sektorwanderungen aus den vorgelagerten Produktionsstufen heraus gegeben hat, die durch *Outsourcing* und *Offshoring* schrumpften. Aber erstens sind in den Basaren nicht genug Stellen zur Kompensation entstanden, so dass die gesamte Industriebeschäftigung fiel. Und zweitens wanderten die in der Industrie freigesetzten Arbeitskräfte netto nicht in andere Sektoren der Wirtschaft, sondern in die Arbeitslosigkeit und damit großenteils zum Sozialstaat bzw. in staatlich geförderte Mini-Beschäftigungsverhältnisse. Es hat zwar in den anderen Sektoren ebenfalls erhebliche Bewegungen gegeben. So sind im Dienstleistungsgewerbe von 1995 bis 2004 immerhin 1,33 Millionen neue vollzeitäquivalente Stellen entstanden. Doch im Bausektor sind zugleich 1,01 Millionen, in der Landwirtschaft 0,3 Millionen und im Bereich Bergbau und Energieversorgung 0,19 Millionen vollzeitäquivalente Stellen verschwunden. Im Rest der Wirtschaft gab es per saldo keinerlei Ersatz für die im verarbeitenden Gewerbe verschwundenen Stellen, wie man es auch dreht und wendet.

Leider realisiert Deutschland nur die eine Hälfte der Lehrbuchtheorie vom Handelsgewinn durch eine verbesserte Arbeitsteilung: Wir lassen die schmutzige Industriearbeit durch billige Polen und Chinesen erledigen und setzen unsere Arbeiter frei. Die andere Hälfte realisiert das Land nicht. Wir schaffen es nicht, für die freigesetzten Arbeiter sinnvolle Beschäftigungsalternativen zu organisieren, sondern schicken sie in die Arbeitslosigkeit und damit zum Sozialstaat. Mit einer effizienten Reaktion auf die Kräfte der Globalisierung, die hierzulande weitere Handelsgewinne erzeugen würde, hat das alles wenig zu tun.

Dieses ernüchternde Ergebnis widerspricht nicht nur den Lehrbüchern der Außenhandelstheorie. Es widerspricht auch den schönen, von der EU bezahlten Studien zum Nachweis der Vorteile der Osterweiterung der EU, die uns in den letzten Jahren kredenzt wurden. Und es passt nahtlos zu den erschreckenden Informationen zur Schlusslichtposition Deutschlands beim internationalen Wachstum, die im Eingangskapitel dargelegt wurden (Abbildung 1.2).

***

Warum läuft die Sache so schief? Was machen wir falsch? Nun, der Leser kennt die Antwort. Sie liegt in Deutschlands aussichtslosem Kampf gegen das Gesetz des internationalen Faktorpreisausgleichs, der in den Kapiteln 5 und 6 schon in allgemeiner Form diskutiert wurde. Mit vereinten Kräften versuchen die Gewerkschaften und der Sozialstaat, der sich der Lohnersatzpolitik bedient, der weltweiten Niedriglohnkonkurrenz zu trotzen. Dadurch erzeugen sie übermäßige Fluchtreaktionen, die Arbeitslosigkeit erzeugen. Die Unternehmen fliehen in die kapitalintensiven Sektoren, wo wenig Arbeitsplätze geschaffen werden, sie fliehen zu den Robotern, die im Vergleich zu den Menschen immer billiger werden, und sie fliehen zu den Polen und den Chinesen, die sich vorläufig noch mit Hungerlöhnen zufrieden geben.

Zugleich ist dies die Erklärung dafür, dass sich die industrielle Beschäftigung anders entwickelt als die Wertschöpfung in der Industrie. Die Wertschöpfung kann großenteils trotz der Flucht vor den hohen Löhnen gehalten werden, weil Kapital und billige ausländische Arbeitskraft an die Stelle der deutschen Arbeitskraft treten. In Werkhallen, die mit Robotern gefüllt sind und wo Teile zusammengeschraubt werden, die in Osteuropa mit billiger Lohnarbeit erstellt wurden, können erhebliche Wertschöpfungsbeiträge erwirtschaftet werden. Nur sind sie Kennzeichen des Entkoppelungsprozesses, den die Hochlohnstrategie in Gang gesetzt hat. Die Firmen bleiben dank dieser Entkoppelung wettbewerbsfähig und können der internationalen Konkurrenz die Stirn bieten. Aber die deutschen Arbeitnehmer, die abgekoppelt werden, müssen feststellen, dass sie ihre Wettbewerbsfähigkeit verloren haben.

Das ist die etwas komplizierte Wahrheit zum Thema Basar-Effekt und zu den anderen Reaktionen der Wirtschaft auf die Handelsöffnung mit den exkommunistischen Ländern. Deutschland reagiert zwar qualitativ richtig, indem es die arbeitsintensiven Teile der Vorproduktketten nach Osteuropa und andere Niedriglohnländer verlagert und sich auch ansonsten auf kapitalintensivere Tätigkeiten spezialisiert. So täte es im Prinzip auch eine effizient organisierte Wirtschaft. Jedoch ist wegen der überhöhten Löhne erstens das Ausmaß der Verlagerung von Arbeitsplätzen ins Ausland zu groß, und zweitens entsteht in anderen Sektoren nicht genug neue Beschäftigung als Ersatz.

Der Dienstleistungssektor entwickelt sich zwar, doch nicht genug, um all die anderen Defizite auszugleichen.

Im verarbeitenden Gewerbe und im Bau gehen viel zu viele Arbeitsplätze verloren, und in beiden Fällen wegen der Hochlohnpolitik: im verarbeitenden Gewerbe wegen des Basar-Effekts und der weiteren Mechanisierung der Produktion; im Bau, wo die Möglichkeiten der Mechanisierung begrenzt sind, wegen der Abwendung der Kunden, denen das Bauen zu teuer geworden ist. Anstatt es sich zu Hause das ganze Jahr über schön zu machen, reist man einige Wochen im Jahr zu den Niedriglöhnern in den unterentwickelten Gebieten dieser Welt und lässt sich dort mit einem Ambiente verwöhnen, das man sich zu Hause nicht leisten kann. Es ist bezeichnend, dass das stagnierende Deutschland im Jahr 2004 nicht nur Vizeweltmeister beim Export war, sondern zugleich auch Weltmeister beim Tourismus. Mit einem Import touristischer Dienstleistungen im Umfang von 57,1 Milliarden Euro lagen wir noch vor den USA, die einen Wert von 52,8 Milliarden Euro erreichten, an der Spitze.[78]

Per saldo entsteht aus dem Zusammenwirken der deutschen Hochlohnpolitik und der Niedriglohnkonkurrenz aus aller Welt Arbeitslosigkeit und Stagnation in Deutschland. Unser Land vergibt die Chance, neue Handelsgewinne zu erzielen und eine neue Dynamik zu entfalten, die aus seiner Mittler- und Drehscheibenfunktion entstehen könnte. Gabor Steingart hat zur Charakterisierung der Lage der deutschen Industrie das Bild des verglühenden Kerns der deutschen Wirtschaft gebraucht, der langsam erkaltet und dann auch die peripheren, von ihm abhängigen Aktivitäten versiegen lässt.[79] Nach Lage der Dinge kann man dieses Bild nicht verwerfen. Ich selbst würde es aber eher so beschreiben: Der industrielle Kern entwickelt sich wegen des verkrusteten deutschen Sozialsystems und des vermachteten Arbeitsmarkts im negativen Sinne des Wortes zu einer Basar-Ökonomie, die zwar die Welt weiterhin mit ihrer prächtigen Produktpalette bedient und profitable Firmen beherbergt, doch von innen her ausgehöhlt wird und sich sukzessive seiner Arbeitnehmer entledigt. Das alles macht nicht nur diesen Arbeitnehmern Angst.

Die deutsche Wirtschaft ist durch die Industriearbeit stark geworden. An der Industrie hängt unser Wohlstand wie an keinem anderen Sektor. Wenn die Beschäftigung dort weiterhin in dem Maße zurückgefahren wird, wie es in den letzten 15 Jahren der Fall war, wird es schwierig werden für Deutschland.

# II.

# Naive Interpretationen der Exportstatistik

Die Analyse des vorigen Abschnitts kommt zu einem negativen Urteil bezüglich Deutschlands Fähigkeit, die Kräfte der Globalisierung in neue Handelsgewinne umzumünzen. Damit steht sie im Widerspruch zu den vielfachen Bekundungen in den Medien und der Politik, nach denen das Land als Exportweltmeister offenkundig prächtig mit der Globalisierung zurechtkomme. Das Argument, dass wir als Exportweltmeister keine Wettbewerbsprobleme haben können, hört man so häufig, dass es einem schon wieder aus den Ohren herauskommt. Aber es beeindruckt. Es irritiert selbst diejenigen, deren Sorgen sich eher auf den Arbeitsmarkt und das schwache Wachstum richten, und stellt sie vor ein Rätsel.

Abgesehen davon, dass wir nicht Exportweltmeister, sondern -vizeweltmeister sind, wie eingangs schon geklärt wurde (Kapitel 1), kann aber am Volumen der Exporte beim besten Willen nicht abgelesen werden, ob wir von der Globalisierung profitieren. Vielmehr kommt es für die Beurteilung dieser Frage auf die Faktormärkte an, denn sie müssen die Last des Strukturwandels tragen, der für die Verbesserung der internationalen Arbeitsteilung erforderlich ist. Insbesondere muss der Arbeitsmarkt in der Lage sein, die durch die Spezialisierung auf sach- und humankapitalintensive Tätigkeiten wegfallenden Arbeitsplätze anderswo neu zu schaffen. Wie Abbildung 10.4 gezeigt hat, ist dies jedoch nicht der Fall. Zum Ausgleich der seit 1995 im verarbeitenden Gewerbe entfallenen knapp 1,09 Millionen vollzeitäquivalenten Stellen sind per saldo im Rest der Wirtschaft keine neue Stellen entstanden. Leider gingen auch dort netto einige Stellen verloren.

Dass Arbeitsplätze ins Ausland verlagert werden und die Fertigungstiefe der deutschen Industrie sich verringert, ist ein Problem für den Arbeitsmarkt, aber es beeinträchtigt weder die Exporte noch die Wettbewerbsfähigkeit der Firmen. Im Gegenteil: Gerade auch wegen dieser Verlagerung gelingt es den deutschen Firmen, die Exporte weiter zu steigern und immer besser ins Geschäft zu kommen. Der erwähnte Porsche Cayenne, der von Leipzig nach Amerika exportiert wird, könnte nicht zu 100% in der deutschen Exportstatistik erscheinen, wenn er nicht zuvor zu wesentlichen Teilen seines Wertes aus der Slowakei importiert worden wäre. Die Gewinne, die Porsche seinen Aktionären auszahlt, wären ohne die Produktionsverlagerung nicht auf dem Rekordniveau, das von den Finanzanalysten bejubelt wird. Und Porsche-Chef Wiedeking wäre auch nicht der am besten bezahlte Manager Deutschlands. Eine Basar-Ökonomie hat florierende Firmen und trotz aller internen Probleme hohe Exporte.

✳✳✳

Viele akzeptieren, dass die bloßen Exportmengen wegen des Basar-Effekts nicht viel zur Beurteilung der Frage hergeben, wie das Land mit der Globalisierung zurechtkommt. Sie meinen aber, die Frage könne entschieden werden, wenn man nicht auf die Exportmengen schaue, sondern auf die exportinduzierte Wertschöpfung, die in

Deutschland stattfindet. Steige die exportinduzierte Wertschöpfung in Relation zum Bruttoinlandsprodukt, also in Relation zur gesamten Wertschöpfung der Wirtschaft, sei Deutschland wettbewerbsfähig.

Wie in Kapitel 8 erläutert wurde, hat das Statistische Bundesamt herausgefunden, dass sich die exportinduzierten Importe pro Exporteinheit seit 1991 stark vergrößert haben. Zugleich hat sich also die inländische Wertschöpfung pro Exporteinheit stark vermindert, wie es der Basar-Hypothese entspricht. Das Amt hat darüber hinaus aber gezeigt, dass dennoch die inländische exportinduzierte Wertschöpfung in Relation zur gesamten inländischen Bruttowertschöpfung bzw. dem Bruttoinlandsprodukt stieg. Die Exportmengen wuchsen so viel schneller als das Bruttoinlandsprodukt, dass die Abnahme der inländischen Wertschöpfung pro Exporteinheit im Hinblick auf die exportinduzierte Wertschöpfung überkompensiert wurde. So stellt das Amt fest:

>>*Im Zeitraum 1995 bis 2002 zeigte die in den Exporten enthaltene inländische Bruttowertschöpfung (jahresdurchschnittlich + 6,1 %) ein wesentlich höheres nominales Wachstum als das Bruttoinlandsprodukt.*<< [80]

Nach seinen Angaben stieg der Anteil der exportinduzierten Bruttowertschöpfung am Bruttoinlandsprodukt von 17,9 % im Jahr 1991 auf 20,8 % im Jahr 2002. Abbildung 11.1 illustriert die Angaben des Amtes.

Der Sachverständigenrat, der sich in seinem Gutachten des Jahres 2004 ebenfalls mit der Problematik beschäftigt, ergänzt diese Informationen. Er berichtet, dass der vom Statistischen Bundesamt für die gesamte Exportwirtschaft beobachtete Effekt auch für die exportinduzierte Bruttowertschöpfung innerhalb des verarbeitenden

Gewerbes gilt. Auch diese Wertschöpfung stieg schneller als die Wertschöpfung des gesamten verarbeitenden Gewerbes.[81]

Anteil der exportinduzierten inländischen Bruttowertschöpfung[1] am deutschen Bruttoinlandsprodukt

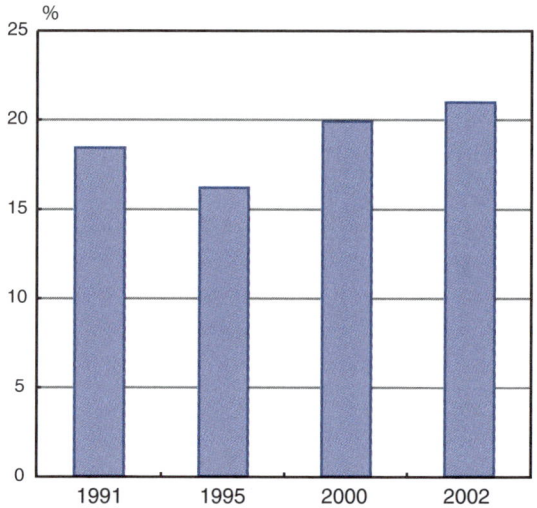

1) Direkt bei der Produktion für den Export sowie auf vorge-lagerten Produktionsstufen im Inland entstandene Bruttowert-schöpfung.

Quelle: Statistisches Bundesamt, Importabhängigkeit der deutschen Exporte, Wiesbaden 2004.

ABBILDUNG II.I

Insofern scheint nun der Beweis erbracht zu sein, dass Deutschland von der Globalisierung profitiert und der Basar-Effekt nicht überzogen ist. Das Statistische Bundes-amt selbst zieht diesen Schluss zwar nicht. Es nimmt nur ganz allgemein in der Einleitung zur Basar-Hypothese Stellung, und vor allem enthält es sich einer ökonomi-schen Bewertung des Sachverhalts.[82] Auch der Sachver-ständigenrat ist in der Interpretation seiner Zahlen äußerst zurückhaltend. Allenfalls zwischen den Zeilen kann man ein Lob für Deutschlands Fähigkeit, mit den Kräften der Globalisierung fertig zu werden, herauslesen.[83]

Dennoch haben viele Leser den Bericht des Statistischen Bundesamts und auch die Aussagen des Sachverständigenrats als Widerlegung der Basar-Hypothese interpretiert, wobei sie freilich sogleich eine Uminterpretation dieser Hypothese vornehmen. So betitelte die *Financial Times Deutschland* am 18. August 2004 einen Kommentar mit dem Satz:

> *»Statistikamt widerlegt Sinns These von der Basar-Ökonomie«,*[84]

und im Text heißt es:

> *»Seit 1991 produzierten deutsche Firmen immer mehr Exportgüter unter Verwendung von Produkten, die ihrerseits importiert worden sind. Dennoch profitiert Deutschland überdurchschnittlich von der internationalen Arbeitsteilung. … Die durch die Exporttätigkeit angeregte Produktion in Deutschland legte zwischen 1995 und 2002 um 51 Prozent zu. Die Produktion insgesamt stieg um lediglich 17 Prozent. Würde Sinns These zutreffen, hätte die durch den Export verursachte Bruttowertschöpfung in Deutschland langsamer als die Wertschöpfung steigen müssen.«*

Ähnlich heißt es in einem Bericht des Bundesministeriums für Wirtschaft und Arbeit:

> *»Demnach kann die Schlussfolgerung der ›Basar-Hypothese‹, die besagt, dass schon der zunehmende Bezug von Vorleistungen aus dem Ausland ein Indiz für die mangelnde Leistungsfähigkeit der deutschen Wirtschaft sei, so nicht gestützt werden. Im Gegenteil hat die seit Mitte der 90er*

*Jahre verstärkt zunehmende Einbindung Deutschlands in die internationale Arbeitsteilung insgesamt gesehen einen positiven Beitrag zur wirtschaftlichen Entwicklung in Deutschland geleistet. Die Exportzuwächse der deutschen Wirtschaft haben unter dem Strich den dämpfenden Effekt, der sich für die inländische Wertschöpfung im Exportsektor aus dem steigenden Anteil importierter Vorleistungen ergibt, überkompensiert.«* [85]

Zuvor hatte sich schon das Bundesministerium der Finanzen in seinem Monatsbericht vom August 2004 so geäußert:

> *»Alles in allem ist festzuhalten, dass die deutsche Wirtschaft bislang per saldo von der Globalisierung profitiert hat.«* [86]

Diese Zitate gehen schon insofern an der Sache vorbei, als ich die Basar-Hypothese niemals so dargestellt habe, dass sich die exportinduzierte Wertschöpfung der deutschen Wirtschaft langsamer als das Bruttoinlandsprodukt entwickelt.[87] Aber es geht nicht um die Frage, was ich zu dem Thema gesagt habe. Das ist eine Nebensache.

***

Es geht vielmehr um die Frage der ökonomischen Bewertung und Interpretation dieser Entwicklung. Die im Vergleich zu den anderen Sektoren überdurchschnittliche Entwicklung der Wertschöpfung in den Exportsektoren, die das Statistische Bundesamt und der Sachverständigenrat herausgefunden haben, ist für sich genommen sicherlich nicht relevant für die Frage, wie gut oder wie schlecht Deutschland mit der Globalisierung fertig wird. Der Nachweis von Handelsgewinnen kann auch anhand einer solchen Kenngröße nicht geführt werden.

Dass die exportinduzierte Wertschöpfung in der Zeit der Globalisierung schneller wächst als der Durchschnitt, wie er im Bruttoinlandsprodukt gemessen wird, ist eine Selbstverständlichkeit, ja fast schon eine Tautologie. Es ist eine Beschreibung der zunehmenden Spezialisierung, mehr nicht – übrigens eine, die auf praktisch alle Länder des internationalen Handelsverbunds zutrifft. Es dürfte schwer fallen, irgendein Land zu finden, das am Welthandel partizipiert und bei dem dieser Zusammenhang mittel- und längerfristig nicht besteht.

Die internationale Spezialisierung, die durch den Handel zwischen den Ländern ermöglicht wird, bedeutet, dass einige Sektoren der Wirtschaft relativ zum Durchschnitt wachsen und andere relativ schrumpfen. Die relativ schrumpfenden Sektoren geben Produktionsfaktoren an die relativ wachsenden Sektoren ab, und folglich verlagert sich die Wertschöpfung, die ja der Summe der verdienten Faktoreinkommen entspricht, zwischen den Sektoren. Die Produktionsfaktoren sind im Wesentlichen Arbeit und Kapital, doch auch der Boden gehört dazu. Sektoren, bei denen ein Land komparative Nachteile hat, fallen zurück; sie produzieren immer weniger und werden durch Importe ersetzt. Und Sektoren, bei denen das Land komparative Vorteile hat, eilen voraus; sie produzieren die Exportgüter. Deshalb gilt für jedes normale Land, das an der Handelserweiterung beteiligt ist, die wir Globalisierung nennen, dass die exportinduzierte Wertschöpfung schneller wächst als die durchschnittliche Wertschöpfung, also auch schneller als das Bruttoinlandsprodukt. Herauszufinden, dass die exportinduzierte Wertschöpfung schneller als der Durchschnitt wächst, heißt herauszufinden, dass das, was schneller als der Durchschnitt wächst, schneller als der Durchschnitt wächst. Der Erkenntnisgewinn ist nahe null.

Das alles gilt auch dann, wenn es sich bei den Sektoren

nicht um die Sektoren in der Abgrenzung der volkswirtschaftlichen Gesamtrechnung, sondern um Sektoren im Sinne von Gliedern in vertikal integrierten Produktionsketten handelt. Ein Beispiel ist die Produktion von Kolbenringen oder Wälzlagern für den Motorenbau, der Motorenbau selbst und der Einbau der Motoren in eine Karosserie. Ein anderes Beispiel ist die Herstellung von Garnen, die Färbung der Garne und die Verarbeitung der gefärbten Garne zu Stoffen. Auch wenn sich ein Land auf bestimmte Glieder der Ketten spezialisiert und dann die entsprechenden Produkte exportiert, steigt die exportinduzierte Wertschöpfung schneller als die gesamtwirtschaftliche Wertschöpfung. Spezialisierung heißt stets, dass Faktoren und damit Faktoreinkommen in die Exportsektoren wandern, dass also die exportinduzierte Wertschöpfung relativ zum Bruttoinlandsprodukt steigt.

Insbesondere muss natürlich eine Spezialisierung Deutschlands auf Basar-Tätigkeiten eine Faktorwanderung in die Basare und damit eine Ausweitung der dortigen Wertschöpfung bedeuten, so dass die exportierten Wertschöpfungsanteile der Basar-Leistungen relativ zum Bruttoinlandsprodukt zunehmen. Es ist schon eine arge Verballhornung meiner Basar-Hypothese, wenn man sie als Behauptung eines fallenden Anteils der exportinduzierten Wertschöpfung am Bruttoinlandsprodukt uminterpretiert.

Die Basar-Hypothese impliziert, es sei hier wiederholt, nicht, dass die exportinduzierte Wertschöpfung relativ zur gesamten Wertschöpfung der Wirtschaft fällt, sondern dass die exportinduzierte Wertschöpfung langsamer als die Exportmenge wächst, oder umgekehrt, dass die Exportmenge schneller als die exportinduzierte Wertschöpfung wächst. Die in Kapitel 8 aus den Zahlen des Statistischen Bundesamts ermittelte Elastizität der Exportmenge bezüglich der realen Wertschöpfung in den Exportsektoren in Höhe von 1,3 verdeutlicht den Basar-Effekt in aller Klarheit. Wenn sich Deutschland stärker spezialisiert, weil es stärker in den internationalen Handel eingebunden ist, wandern Produktionsfaktoren in den Export, und folglich wächst die Wertschöpfung in den Exportsektoren. Doch für jedes Prozent, um das dort die Wertschöpfung wächst, nimmt das Exportvolumen um 1,3% zu, weil die Spezialisierung auf die kundennahen Endstufen der Produktion dazu führt, dass relativ zur deutschen Wertschöpfung immer mehr Waren durch Deutschland und damit auch durch die deutschen Export-statistiken hindurchgeschleust werden.

Die Zunahme der exportinduzierten Wertschöpfung ist kein Beleg für Handelsgewinne, denn dahinter steht eine interne Faktorwanderung aus anderen Sektoren, deren Wertschöpfung langsamer als der Durchschnitt wächst. Die zusätzliche Arbeit und das zusätzliche Kapital, die die Wertschöpfung im Exportsektor erzeugen und entsprechendes Einkommen verdienen, werden anderen Sektoren entzogen. Es ist völlig unmöglich, aus der Bruttozunahme der Wertschöpfung eines Sektors volks-wirtschaftliche Wohlfahrtsgewinne im Sinne einer Ver-besserung der internationalen Arbeitsteilung herauszu-lesen. Das ist ungefähr dasselbe, wie einem Bauern Einkommenszuwächse zu bescheinigen, weil er mehr Gerste produziert, ohne zu berücksichtigen, dass er nur deshalb mehr Gerste produziert, weil er das dafür benö-tigte Land der Roggenproduktion entzieht.

\*\*\*

Dass die Zunahme der exportinduzierten Wertschöpfung keine Handelsgewinne beweist, scheint im Widerspruch zu dem in Kapitel 8 zitierten Konjunktureffekt zu stehen, nach dem sich die 9% Exportwachstum des Jahres 2004 unter Berücksichtigung einer Exportquote am Bruttoinlandsprodukt des Jahres 2003 von 36% und einer marginalen Quote der exportinduzierten Vorleistungsimporte von 53% in einen Wachstumseffekt von immerhin 1,5% übertrugen. Bei der Konjunkturanalyse wird die Zunahme der exportinduzierten Wertschöpfung offenbar doch als Wachstumsbeitrag gerechnet und ist insofern, wenn auch mit gewissen Abstrichen, schon mit einem volkswirtschaftlichen Gewinn gleichzusetzen!

Der Widerspruch besteht indes nicht wirklich, denn die Konjunkturanalyse beschäftigt sich, wie in Kapitel 2 diskutiert wurde, mit den kurzfristigen Schwankungen um den Trend statt mit dem Trend selbst. Diese Schwankungen werden von den Unternehmen stets innerhalb ihrer Produktionskapazität bedient, weil es technisch kaum möglich und ökonomisch wenig sinnvoll ist, die Produktionskapazitäten im schnellen Rhythmus der Schwankungen zu ändern. Die Umrüstkosten sind viel zu groß.

Bei dauerhaften Änderungen der Sektorstruktur, wie sie aufgrund einer längerfristigen Erhöhung der exportbedingten Wertschöpfung stattfinden, reicht freilich eine bloße Verbesserung der Kapazitätsauslastung existierender Betriebsstätten nicht aus. Die Unternehmen ziehen es in diesem Fall vor zu investieren, um mehr Produktionskapazität zur Verfügung zu stellen und mehr Arbeiter zu beschäftigen, und damit muss der Entzug von Investitionskapital und menschlicher Arbeitskraft aus anderen Verwendungen mit in den Blick genommen werden.

Nun kann es zwar theoretisch sein, dass die Produktionsfaktoren auch langfristig keinen anderen Verwendungen entzogen werden, weil sie bislang nicht genutzt wurden. Wenn der Bauer ein zuvor brachliegendes Feld beackert, um mehr Gerste zu produzieren, kann er das tun, ohne seinen Roggenanbau zu verringern. Das unterstellt die keynesianische Wirtschaftsanalyse. Sie geht davon aus, dass es wegen eines Nachfragedefizits brachliegende Produktionsfaktoren gibt, die man durch eine Nachfragesteigerung aktivieren kann. Angesichts der Massenarbeitslosigkeit in Deutschland mag man diese Hypothese auf den ersten Blick für relevant halten, doch in Kapitel 2 wurde sie bereits ausführlich diskutiert und verworfen. Der Grund für die Arbeitslosigkeit ist nicht, dass die Firmen Absatzprobleme haben, sondern dass sie ihr Kapital lieber anderswo investieren, um die Nachfrage von dort aus zu bedienen. Um das Bild des Bauern wieder aufzugreifen: Das Feld liegt nicht deshalb brach, weil es an Käufern für die Gerste fehlt, sondern weil sein Boden relativ schlecht ist und es sich zum herrschenden Marktpreis für Gerste und den herrschenden Löhnen für die Landarbeiter nicht lohnt, es zu beackern. Insofern muss die Zunahme der exportinduzierten Wertschöpfung ganz anders interpretiert werden, als es die in diesem Kapitel zitierten Autoren getan haben.

# 12.

## DER PATHOLOGISCHE EXPORTBOOM

Naive Kunst ist schön. Naive Interpretationen der Außenhandelsstatistik, die die exportinduzierte Wertschöpfung als Zeichen für Globalisierungsgewinne ansehen, sind gefährlich. Sie sind gefährlich, weil sie den Bürgern irrelevante Symptome, wenn nicht gar Krankheitssymptome als Indikatoren einer bevorstehenden Genesung verkaufen und damit die Therapie erschweren. Nur bei einem todkranken Patienten, dem ohnehin nicht mehr zu helfen ist, wäre die Fehlinterpretation kein Problem.

Wenn Oskar Lafontaine sagt, er könne nicht akzeptieren, dass Deutschland ein Lohnproblem hat, weil es Exportweltmeister sei, und für diese Aussage die Zustimmung weiter Kreise der deutschen Bevölkerung erhält, dann beweist er damit nur, wie groß das Erkenntnisproblem der Deutschen ist. Weil sich solcherlei ökonomische Denkmuster in den Köpfen von Millionen von Menschen einnisten, verliert das Land wertvolle Jahre bei den notwendigen Anpassungen an die Kräfte der Globalisierung. Die Anpassungen werden zum Schluss erzwungen. Das steht außer Frage. Aber je länger wir mit der dringend notwendigen Flexibilisierung der Arbeitsmärkte, von der Beschneidung der Gewerkschaftsmacht bis zur Aufgabe der Lohnersatzstrategie des Sozialstaats, warten, desto lauter wird der Knall beim Zerbersten des deutschen Sozialmodells. Insofern muss das Erkenntnisproblem dringend gelöst werden.

Welcher Zusammenhang besteht tatsächlich zwischen der Lohnhöhe eines Landes und dem Exportvolumen? Lafontaine unterstellt implizit einen negativen Zusammenhang. Gerade deshalb argumentiert er ja, der hohe Export belege, dass die Löhne noch nicht zu hoch seien. Irgendwann könnten sie zu hoch sein, aber das müsse sich dann am schrumpfenden Export zeigen.

Das mag zum Schluss, wenn die Wirtschaft ganz kaputtgeht, richtig sein. In einer Übergangsphase, die Jahrzehnte dauern kann, ist aber das Gegenteil der Fall. Hohe Löhne erzeugen, solange das Kapital das Land noch nicht verlassen hat, hohe Exporte. Es ist ein bisschen wie beim Verlöschen des Sterns, dem eine Supernova vorausgeht.

Die hohen Löhne vertreiben nämlich das Kapital und einen Teil der Arbeit aus den Binnensektoren in die Exportsektoren, weil diese Sektoren ihnen wegen ihrer hohen Kapitalintensität noch am ehesten standhalten können. Der Boom der exportinduzierten Wertschöpfung trägt in Deutschland pathologische Züge. Er gehört zum Krankheitsbild einer Ökonomie, die unter einer Lohnkostenkrise leidet. Exportboom und Wachstumsschwäche sind keine unabhängigen Ereignisse, die jeweils ihre eigenen Ursachen haben, sondern gemeinsame Erscheinungsformen der Lohnkostenkrise, ja notwendige Konsequenzen eines Sozialstaats, der mit den Mitteln des Lohnersatzes den internationalen Faktorpreisausgleich verhindert.

***

Der ökonomische Nachweis des positiven Zusammenhangs zwischen Lohnhöhe und Exportvolumen ist keine leichte Kost.[88] Die Details der Argumentation sind für

Spezialisten im Anhang dieses Buches aufgeführt. Doch lässt sich die Intuition auch so vermitteln.

Dabei ist es nützlich, wie schon verschiedentlich in den vorangehenden Kapiteln (besonders Kapitel 5 und 11), wieder zwischen kapitalintensiv und arbeitsintensiv produzierenden Sektoren zu unterscheiden. Das Kapital soll dabei wie vorne erläutert sowohl für Unternehmenskapital im engeren Sinne als auch für Humankapital, also das qualifizierte Wissen speziell ausgebildeter Arbeitnehmer, stehen, und mit Arbeit ist einfache Arbeit gemeint. Beispiele für arbeitsintensive Branchen sind der Tourismus, die Bekleidungsindustrie, die Lederindustrie oder die Holzverarbeitung; und Beispiele für kapitalintensive Branchen sind die Schifffahrt, die Luftfahrt, der Kraftfahrzeugbau, die Kunststoffverarbeitung oder die Chipindustrie. Die zweite Gruppe setzt pro einfachen Arbeiter im Vergleich zur ersten Gruppe ein Vielfaches des Sachkapitals ein und beschäftigt meistens auch mehr hoch qualifizierte Arbeitnehmer. Ich betrachte zunächst zwei Gruppen von Ländern, die Hochlohnländer des Westens und die exkommunistischen Niedriglohnländer, die neu am Handel partizipieren. Der Einfachheit halber spreche ich hier vom Westen und vom Osten.

Wie in Kapitel 5 erläutert, veranlasst die Integration dieser beiden Wirtschaftsgebiete die kapitalreichen Länder des Westens, sich auf die kapitalintensiven Wirtschaftssektoren zu spezialisieren und die arbeitsintensiven Sektoren zurückzunehmen, was interne Wanderungen von Arbeit und Kapital zwischen den Sektoren der Wirtschaft voraussetzt. Zusätzlich kommt es zu internationalen Wanderungen von Arbeitskräften und Kapital zwischen den beiden Wirtschaftsgebieten. Die internationalen Wanderungen klammere ich im Moment noch aus der Betrachtung aus und komme erst später darauf zurück.

Der Mechanismus, durch den die Integration und Handelsöffnung die kapitalintensiven Sektoren des Westens expandieren lässt, wird durch die Unterschiede in den relativen Preisen der kapital- und arbeitsintensiv produzierten Güter in Gang gesetzt. Vor der Handelsöffnung waren die relativen Preise der kapitalintensiven Güter, also die Preise dieser Güter in Relation zu den Preisen der arbeitsintensiven Güter, im Westen kleiner als im Osten. Autos kosteten in China früher ein Vermögen, während sie im Westen erschwinglich waren, doch einen schicken Maßanzug, den sich im Westen kein Arbeiter leisten kann, konnte man in Schanghai spottbillig erwerben. Mit der Integration der Wirtschaftsgebiete setzen die unterschiedlichen Preisrelationen Handelsströme in Gang. Autos werden nach China geliefert, und billige Textilien kommen von dort zurück. Schon heute kommt über die Hälfte der in den USA gekauften Kleidung jener Sortimente, die keiner Handelsbeschränkung unterliegen, aus China.[89]

Die von der Niedriglohnkonkurrenz des Ostens bedrängten arbeitsintensiven Branchen des Westens schrumpfen und setzen das frei werdende Kapital lieber in den expandierenden Exportbranchen ein. Die Immobilien werden verkauft und einer anderen Verwendung zugeführt. Ersatzinvestitionen werden unterlassen. Konkursmassen werden durch Zerschlagung verwertet. Neuen Unternehmern, die erfolgreich Produkte für den Weltmarkt fabrizieren, stehen die frei gewordenen Sach- und Finanzkapitalien zur Verfügung. Auch die Arbeitnehmer orientieren sich um. Viele sind bereit zum Wechsel der Firma, des Ortes und selbst des Betätigungsfelds. Einige lassen sich sogar umschulen. Neu in den Arbeitsmarkt eintretende Arbeitnehmer erlernen andere, zukunftsfähige Berufe. Die alte Polstermöbelfabrik wird aufgelöst,

Grundstück und Gebäude werden an ein Elektronikunternehmen verkauft, und der Sohn des Polsterers wird Industrie-Elektroniker. Das alles sind langsame Prozesse, die über Jahrzehnte laufen, aber es sind Prozesse, die die Lebenswirklichkeit der Bürger der westlichen Länder bestimmt haben und weiter bestimmen.

Das Kapital drängt in die kapitalintensiven Exportsektoren, weil diese Sektoren von der internationalen Niedriglohnkonkurrenz kaum betroffen sind und Güter erzeugen, die der arbeitsreiche, aber kapitalarme Osten nachfragt und die deshalb gute Preise erzielen. Wenn man so will, stellen sich die Unternehmer der Lohnkonkurrenz nicht, sondern weichen ihr aus, indem sie sich auf die florierenden Produktionszweige konzentrieren, in denen nur wenige Arbeiter gebraucht werden. Die im Inland fehlenden Güter des arbeitsintensiven Sektors werden stattdessen verstärkt importiert. Die Möbel kaufen die Deutschen bei Ikea, deren Produkte in Polen fabriziert werden, und ihren Urlaub verbringen sie auf den Malediven statt an der Müritz. Gleichzeitig feiern BMWs, Porsches und Audis jedes Jahr wieder von neuem Rekorde beim Auslandsabsatz.

Die Wanderung von Kapital und Arbeit aus den arbeitsintensiven Binnensektoren in die kapitalintensiven Exportsektoren bringt freilich ein Problem: Eben weil die Exportsektoren kapitalintensiv arbeiten, bieten sie im Verhältnis zu dem Kapital, das sie aufnehmen, zu den herrschenden Löhnen nicht genug Arbeitsplätze, um alle in den schrumpfenden, arbeitsintensiven Branchen freigesetzten Menschen aufnehmen zu können.

Hier nun beginnt die Frage relevant zu werden, ob die Löhne flexibel reagieren oder von den Gewerkschaften und vom Sozialstaat verbarrikadiert sind. Bei starren, wenn nicht gar steigenden Löhnen fehlt ein Mechanismus, der trotz der Änderung der Sektorstruktur Arbeitslosigkeit vermeiden hilft. Der Strukturwandel schlägt mit voller Wucht zu. Es gibt einen Kahlschlag bei den arbeitsintensiven Sektoren, der die Menschen und das Kapital zwingt, sich neu zu orientieren und in die kapitalintensiven Exportsektoren zu wandern. Die Ökonomie wird zu einer nur noch dünn mit Menschen besiedelten Industrielandschaft, in deren Werkhallen Roboter zugange sind. Hoch qualifizierte Arbeitsleistungen von Ingenieuren und Kaufleuten sind noch erforderlich, aber der Bedarf an normalen Arbeitern ist beschränkt. Arbeitsintensive Verrichtungen und menschliche Dienstleistungen werden relativ zum Kapitaleinsatz für Maschinen in den Hintergrund gedrängt.

Im Falle flexibler Löhne kommt es zu einer ganz anderen Entwicklung. Das Stellendefizit, das beim Wandel der Sektorstruktur entsteht, hat nun eine Lohnsenkung zur Folge, und auf die Lohnsenkung reagieren wiederum die Unternehmen. Zum einen wählen sie Produktionsverfahren, die weniger kapitalintensiv sind, als es bei konstanten Löhnen der Fall ist. Der Zwang, alle nur erdenklichen Wege zur Einsparung menschlicher Arbeitskraft zu suchen, nimmt ab. Das Elektronikunternehmen setzt weniger Industrieroboter ein, das Gastgewerbe widmet sich wieder dem Service, und dem ein oder anderen Angestellten am Bankschalter bleibt der Austausch gegen den Bargeldautomaten erspart.

Zum anderen wird der Strukturwandel abgebremst, weil sich ein Teil der arbeitsintensiven Produktion trotz der ausländischen Niedriglohnkonkurrenz bei sinkenden heimischen Löhnen doch noch halten lässt. Sinkende Löhne mildern die Wucht des Kahlschlags bei den arbeitsintensiven Sektoren. Das Ausmaß der Verlagerung von Kapital und Arbeit von den arbeitsintensiven in die kapitalintensiven Sektoren ist geringer, und folglich ist auch das Exportvolumen niedriger.

Das nun ist genau der Punkt: Sowohl bei flexiblen als auch bei starren Löhnen spezialisiert sich der Westen auf die Produktion kapitalintensiver Güter, und in beiden Fällen steigen die Exporte solcher Güter. Doch bei starren Löhnen ist die Exportzunahme stärker, weil die ausländische Niedriglohnkonkurrenz mehr arbeitsintensive Produktion kaputtmacht und deshalb mehr Menschen und mehr Kapital zwingt, in den kapitalintensiven Exportsektoren Beschäftigung zu suchen. Das ist es, was Oskar Lafontaine und all die anderen, die die angebliche deutsche Exportweltmeisterschaft bejubeln, übersehen.

\*\*\*

Bei einer Politik der starren Löhne fällt auch der Handelsgewinn kleiner aus, als es bei flexiblen Löhnen für einfache Arbeit der Fall wäre, weil ein Teil der Arbeiter entlassen wurde und keinen Beitrag zum Sozialprodukt mehr leistet. Das war in Kapitel 5 ja schon erörtert worden.

Möglicherweise schlägt der Handelsgewinn im Westen sogar in einen Handelsverlust um. Das ist sicherlich dann der Fall, wenn der Westen seine Exporte so weit ausdehnt, dass die Preise für die Exportgüter relativ zu den Importgütern trotz der Nachfrage des Ostens nicht steigen. Davon profitiert der Osten umso mehr. Er sieht sich dann – im Vergleich zu seiner Autarkielage ohne Handel – einer extrem starken Erhöhung der relativen Preise der von ihm selbst exportierten arbeitsintensiven Güter gegenüber und erzielt deshalb sehr hohe Handelsgewinne. Für die Jeans, die sie nach Amerika liefern, können die Chinesen sehr viele BMWs und deutsche Werkzeugmaschinen kaufen.

Im Gegensatz dazu bekommt der Westen für seine BMWs auch nicht mehr chinesische Textilien, als er selbst hätte erzeugen können, wenn er einen Teil des bei BMW gebundenen Kapitals und einen Teil der BMW-Arbeiter für die eigene Textilproduktion verwendet hätte. Zugleich ist ein Teil der Arbeitnehmer arbeitslos.

Wie relevant dieser Fall ist, hat die Graphik mit den internationalen Austauschrelationen, Abbildung 10.1 aus Kapitel 10, schon gezeigt. Diese Austauschrelationen haben sich schon seit längerem für Deutschland nicht mehr verbessert, ja in den letzten zehn Jahren ist bei aller Stochastik sogar ein leicht negativer Trend auszumachen.

Die beschriebenen Effekte sind am einfachsten zu verstehen, wenn sich die westlichen Länder gemeinsam gegen den Faktorpreisausgleich stemmen würden. Wenn nur ein Teil der westlichen Länder es tut, sagen wir Europa und nicht die USA, dann ist die Exportausweitung des Westens insgesamt geringer, und der relative Preis der Exportgüter ist höher. Umso stärker sind dann aber die Kräfte, die die Länder mit starren Löhnen in den Export treiben und die dort einen pathologischen Exportboom erzeugen.

*\*\**

Im Hinblick auf den Basar-Effekt kommt nun noch eine Besonderheit zu dem pathologischen Boom der exportinduzierten Wertschöpfung hinzu, der die Außenhandelsstatistiken noch weiter verzerrt. Bei den betrachteten Sektoren kann es sich um vertikal integrierte Produktionsketten handeln, wie sie von der amtlichen Statistik definiert werden. Sektoren wie Textilindustrie oder Luftfahrtindustrie kennzeichnen solche Ketten. Es kann sich aber auch im Sinne der Basar-Hypothese um die verschiedenen Glieder dieser Ketten selbst handeln.

Der Porsche Cayenne, dessen Karosse im VW-Werk in Bratislava gefertigt wird, war oben schon als Beispiel für diesen Effekt angeführt worden. Betrachten wir den Motor. Im Gegensatz zur Karosserie kommt er nicht aus Bratislava, sondern aus Zuffenhausen. Auch der Motor wird auf komplexen vorgelagerten Produktionsstufen erzeugt und ist Teil der vertikalen Produktionskette, die den Porsche entstehen lässt. Zuerst wird das Erz geschürft, verhüttet und zu einer hochwertigen Stahllegierung verarbeitet. Dann wird daraus zum Beispiel eine Zylinderlaufbuchse gegossen. Die Zylinderlaufbuchse wird grob bearbeitet und anschließend gehont, also einer Feinbearbeitung unterworfen. Dann wird sie in den Zylinderblock eingesetzt. Der wiederum wird mit ca. 600 anderen komplexen Bauteilen verbunden, die zum Teil selbst aus sehr vielen Einzelteilen bestehen. Spitzenreiter sind die Lichtmaschine und die Einspritzpumpe, die jeweils aus hunderten von Teilen zusammengesetzt sind. Insgesamt besteht ein Motor aus ca. 3.000 Teilen, deren jedes durch umfangreiche Bearbeitungsschritte erzeugt wurde. Bis der fertige Porsche vom Band laufen kann, sind tausende und abertausende von Arbeitsschritten erforderlich, die in einer Vielzahl von Betriebsstätten erledigt werden.

Unter den Betriebsstätten und Arbeitsschritten gibt es solche, die relativ viel Arbeit, und solche, die relativ viel Kapital benötigen. Aus dem gleichen Grund, der für eine übermäßige Spezialisierung auf die kapitalintensiveren Produktionsketten verantwortlich ist, kommt es wegen der überhöhten Löhne innerhalb der Ketten zu einer übermäßigen Spezialisierung auf die sach- und humankapitalintensiven Glieder, die in der Regel zugleich die kundennäheren, »stromabwärts« angesiedelten Glieder sind. Die arbeitsintensiven Fertigungsschritte auf vorgelagerten Produktionsstufen können nämlich auf dem Wege des

*Outsourcing* durch entsprechende Vorleistungsimporte ersetzt werden, und das hat ähnliche Auswirkungen wie der Ersatz ganzer Branchen durch ausländische Importe.

Es liegen zwar keine statistischen Informationen darüber vor, wie sich die Kapitalintensität der Produktion mit der Kundennähe ändert, eben weil die amtliche Statistik anders gliedert. Dennoch sprechen die Berichte über konkrete *Outsourcing*-Aktivitäten von Firmen in diesem Punkte eine klare Sprache. Stets geht es darum, dass besonders arbeitsintensive Produktionsprozesse aufgegeben und durch den Ankauf von Vorleistungen bei Zulieferern, die in Niedriglohnländern produzieren, ersetzt werden. Zusammen mit der Beobachtung, dass das Exportvolumen schneller als die Wertschöpfung im Export wächst, ist dies ein starkes Indiz dafür, dass es sich bei den stromabwärts kundennah betriebenen Aktivitäten um kapitalintensivere Aktivitäten handelt.

Es gibt auch gute theoretische Gründe für die Vermutung, dass die kundennahen Glieder vertikaler Produktionsketten kapitalintensiver als die kundenferneren Glieder arbeiten. Mehr Nähe zum Endkunden bedeutet nämlich mehr in Vorleistungen gebundene Wertschöpfung, die huckepack mit der laufenden Wertschöpfung in Richtung Endkunden transportiert werden muss. Die Vorleistungen sind zwar nur ein Strom von Waren, aber sie werden in den Zwischenlägern der Firmen zu Beständen an Vorräten und Halbwaren, die erhebliches Finanzkapital binden, bisweilen sogar mehr, als in den Maschinen enthalten ist. Bei gleicher durchschnittlicher Verweildauer in den Lägern der Produktionsstufen folgt, dass der auf einen Arbeiter entfallende Wert des Vorratskapitals umso höher ist, je näher ein Glied der Wertschöpfungskette beim Endkunden liegt. Basar-ähnliche Produktion ist deshalb besonders kapitalintensiv. Obwohl dieser Zusam-

menhang nicht zwingend ist, weil sich ja pro Arbeiter das
in Maschinen gebundene Kapital mit wachsender Kundennähe verringern könnte, ist er doch eines der funda-
mentalen Ergebnisse der so genannten temporalen Kapitaltheorie Eugen von Böhm-Bawerks. Diese Theorie
stand dogmengeschichtlich am Beginn der volkswirtschaftlichen Kapitaltheorie und wurde später unter anderem in den Arbeiten des Nobelpreisträgers Maurice Allais
wieder aufgegriffen.[90]

Es ist zudem nicht unplausibel zu unterstellen, dass in
den Basar-ähnlichen Endstufen der Produktion auch mehr
Humankapital in Relation zu einfacher Arbeit gebunden
ist. Die Endstufen verlangen in der Regel mehr dispositi-
ve Tätigkeiten sowie Tätigkeiten, die mit dem Design und
dem technischen Entwurf der Produktion zu tun haben.
Erfahrungsgemäß bleiben diese Tätigkeiten in Deutschland, während die einfacheren, eher mechanischen Tätigkeiten ins Ausland verlagert werden.

Insofern folgt aus der dargestellten Theorie des Sek-
torwandels nicht nur, dass sich die kapitalreichen Länder
bei starren Löhnen übermäßig auf die kapitalintensiven
Produktionsketten spezialisieren. Vielmehr spezialisieren
sie sich auch im Übermaß auf die kundennahen Produktionsstufen innerhalb dieser Ketten: Die Wertschöpfung
in den Basaren steigt zu schnell. Aus der Mechanik des
Basar-Effekts folgt zudem, dass mit der wachsenden Wertschöpfung in den Basaren zu viele Waren huckepack durch
das Land geschleust werden, dass also das Exportvolumen
selbst in Relation zur Wertschöpfung zu schnell wächst.

Die Abbildung 12.1 verdeutlicht diese Zusammenhänge in schematisierter Form. Sie zeigt, wie die Wirtschaft in
der Horizontalen und in der Vertikalen strukturiert ist,
und verdeutlicht mit der Größe der Kästen die Verschie-
bung der Wertschöpfungsanteile, die sich durch lohnge-

# Die Wirkungen der Hochlohnpolitik

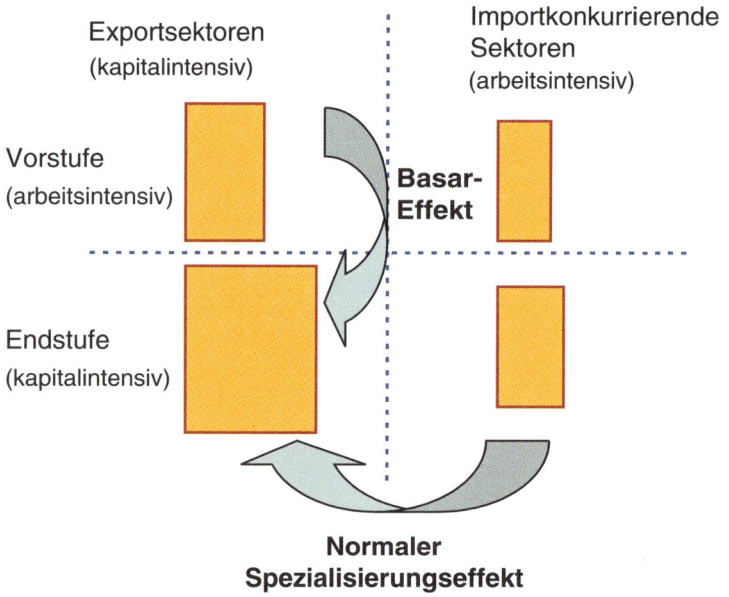

ABBILDUNG 12.1

triebene Sektorwanderungen einstellen. Der normale Strukturwandel in üblicher Interpretation spielt sich in der Horizontalen ab, indem Arbeit und Kapital aus den arbeitsintensiven in die kapitalintensiven Ketten wandern und dort die Wertschöpfung aufblähen. Das wird durch den horizontalen Pfeil veranschaulicht. Durch den Basar-Effekt kommt es innerhalb der kapitalintensiven Kette indes zusätzlich zu einer weiteren Faktorwanderung von den stromaufwärts zu den stromabwärts angesiedelten Aktivitäten, die die Wertschöpfung in dem unten links angesiedelten Sektor besonders stark aufbläht. Dieser Sektor ist der Industriebasar, dem Deutschland seine Exporterfolge zunehmend verdankt.

Wenngleich die beschriebenen Spezialisierungseffekte,

wie erläutert, grundsätzlich richtig für unser Land sind, sind sie wegen der zu hohen und zu starren Löhne doch überzogen. Die Arbeitslosigkeit nimmt zu, weil die Industriebasare wegen ihrer hohen Kapitalintensität die in den anderen Sektoren freigesetzten Arbeitskräfte nicht beschäftigen können, und das Exportvolumen wird gewaltig aufgebläht, was viele ins Staunen versetzt. Die Wertschöpfung im Export entwickelt sich zu schnell, und weil die Fertigungstiefe zu schnell sinkt, steigt auch die Exportmenge pro Einheit Wertschöpfung zu schnell. Der Motor wird mit Vollgas gefahren, und dann wird auch noch der höchste Gang eingelegt. Das macht zwar Tempo 250, aber gesund ist diese Fahrweise nicht, so laut auch immer die Beifallsbekundungen einiger draufgängerischer Passagiere ausfallen.

***

Inwieweit diese Mechanismen in Deutschland tatsächlich ablaufen, ist debattierbar. Um hierzu endgültige Klarheit zu gewinnen, wird mehr empirische und theoretische Forschung notwendig sein. Die Überlegungen machen aber zumindest eines klar: Die These, Deutschland profitiere von der Globalisierung, *weil* seine exportinduzierte Wertschöpfung besonders schnell steigt, ist ökonomisch sinnlos. Diese These entspringt einer allzu primitiven Sicht des marktwirtschaftlichen Geschehens, die keynesianische Nachfrageeffekte unbesehen von der kurzen auf die lange Frist überträgt. Gerade weil starre Löhne die arbeitsintensiven Sektoren zu stark zurückdrängen und Kapital und Arbeit in die kapitalintensiven Sektoren vertreiben, wächst die exportinduzierte Wertschöpfung besonders stark, während gleichzeitig Arbeitslosigkeit und Wohlfahrtsverluste entstehen. Arbeitslosigkeit, wachsende Wertschöpfung im Außenhandel, Basar-Effekt und Exportrekorde sind die gemeinsamen Kennzeichen einer pathologischen Reaktion auf die Kräfte der Globalisierung, die durch die Starrheit der Löhne hervorgerufen wird.

Natürlich folgt daraus nicht im Umkehrschluss, dass wachsende Wertschöpfung im Außenhandel, Basar-Effekt und Exportrekord selbst eine pathologische Reaktion beweisen. Ein solcher Zusammenhang ist schon deshalb nicht möglich, weil alle drei Phänomene als solche auch bei einer gesunden Spezialisierung der Wirtschaft zu beobachten wären. Es folgt aber, dass diese Phänomene nicht zur Unterscheidung zwischen pathologischen und gesunden Reaktionen taugen. Das entscheidende Kriterium hierfür, es sei wiederholt, ist der Arbeitsmarkt selbst. Und er gibt leider, wie in den Kapiteln 2 und 10 gezeigt wurde, derzeit nicht den geringsten Anlass zum Optimismus. Die deutsche Massenarbeitslosigkeit und die Wachstumsschwäche passen nicht zu einer günstigen Interpretation der deutschen Reaktion auf die Kräfte der Globalisierung.

Es folgt aus der Analyse auch nicht, dass Deutschland bislang keine Vorteile aus der Globalisierung gezogen hätte. Dieser Schluss ist, wie in Kapitel 5 schon erläutert wurde, nicht zulässig, weil Deutschland früher kein Hochlohnland, sondern ein Niedriglohnland war. Als wir uns nach dem Krieg wieder in das Welthandelssystem integrieren durften, hatten wir wegen unserer niedrigen Löhne nichts gegen den Faktorpreisausgleich und konnten so die Gewinne aus einer Verbesserung des internationalen Handels vollständig ausschöpfen. Die Erfolge waren so groß, dass man von einem Wirtschaftswunder sprach.

Heute befinden sich die osteuropäischen Länder und China in einer ähnlichen Situation, wie sie damals für Deutschland bestand. Und leider geht deshalb der Lohnausgleich bei uns derzeit nach unten statt nach oben. Da wir ihn aber nicht zulassen, wird der Kuchen nun nicht mehr größer, sondern möglicherweise wieder kleiner. Das heißt nicht, dass der Handel überhaupt keinen Beitrag zum Kuchen liefert. Eine solche Interpretation wäre angesichts der offenkundig riesigen Vorteile des Landes aus der internationalen Arbeitsteilung völlig überzogen.

Schlimm wäre es deshalb, wenn wir uns entschlössen, zur Verteidigung unserer Löhne gegen die Niedriglohnkonkurrenz die Grenzen dicht zu machen und protektionistische Maßnahmen einzuführen. Dann würde der Kuchen erst recht verkleinert. Wir würden dann nämlich auch die Handelsvorteile vernichten, die wir in der Nachkriegszeit bereits aufgebaut haben und die unseren Wohlstand bis zum heutigen Tage maßgeblich erklären.

Am schlimmsten wäre es, wenn man der lafontaineschen Logik folgen würde, nach der man die Löhne so lange erhöhen darf, wie der Export stark bleibt. Da die Lohnerhöhungen den Export steigern, wird man den Fehler dieser Politik lange Zeit nicht bemerken. Klar, die Arbeitslosigkeit steigt, und das Wachstum lahmt, aber das schiebt man dann auf die angeblich fehlende Binnennachfrage, die man im Zweifel durch noch höhere Löhne anzukurbeln versucht. Das Ganze wird zu einer Teufelsspirale mit einem bösen Ende. Und das alles, weil Deutschland ein Erkenntnisproblem hat.

Das Erkenntnisproblem ist ein bisschen so wie bei dem Fahrschüler, der rückwärts fahren soll. Er dreht sich um und sieht, dass der Wagen zu weit nach links in Richtung Straßenrand driftet. Daraufhin dreht er mit dem Steuer nach rechts, weil er aus seiner bisherigen Lebenserfahrung weiß, dass er nach rechts drehen muss, wenn er nach rechts fahren will. Die Lebenserfahrung trügt aber, denn der Wagen driftet wegen des Rückwärtsgangs noch weiter nach links, was der Fahrschüler vergebens durch abermaliges Rechtssteuern zu vermeiden sucht. Die Konsequenz ist, dass sich der Wagen destabilisiert und im Straßengraben landet.

***

Es ist nun an der Zeit, die Annahme fester nationaler Faktorbestände aufzugeben, also die internationale Wanderung von Kapital und/oder Arbeit zuzulassen. Leider führt diese Lockerung der Annahmen nicht zu einer Entwarnung. Bei starren Arbeitslöhnen werden die pathologischen Reaktionen der Ökonomie eher größer.

Zum einen locken die im Vergleich zum Ausland künstlich hoch gehaltenen Löhne für einfache Arbeit Immigranten an, obwohl für diese Immigranten eben wegen der Lohnstarrheit keine zusätzlichen Arbeitsplätze bereitgestellt werden können. Es kommt zu einer Immigration in die Arbeitslosigkeit. Sofern die Lohnersatzleistungen des Sozialstaates der Grund für die Lohnstarrheit sind und sofern diese Leistungen, wie es in Europa im Prinzip der Fall ist, zunächst nur den Einheimischen gewährt werden, handelt es sich dabei allerdings nicht um eine direkte Immigration in die Arbeitslosigkeit. Vielmehr nehmen die Migranten die Jobs und drängen die Einheimischen, die sich wegen der Lohnersatzleistungen nicht auf eine Niedriglohnkonkurrenz einlassen wollen, in die Arbeitslosigkeit.[91]

Zum anderen kann man davon ausgehen, dass es zu einer Kapitalabwanderung ins Ausland kommt, wenn sich die Verhältnisse im Inland nicht bessern. Wegen der hohen und unflexiblen Arbeitslöhne werden hierzulande viel geringere Renditen auf Sach- und Humankapital verdient, als es in anderen Ländern der Fall ist. Das in den arbeitsintensiven Sektoren freigesetzte Kapital wandert deshalb auf die Dauer nicht nur in die kapitalintensiven Sektoren, sondern auch ins Ausland.

Sicher, ein großer Teil des Kapitalstocks ist an den Ort gebunden. Die Immobilien, die in Deutschland stehen und die über 80% des Kapitalstocks ausmachen, können nicht so ohne weiteres ins Ausland verschoben werden. Sie können nur von der einen in die andere Verwendung überführt werden, was eine Wanderung in einen anderen Sektor der Wirtschaft bedeuten kann, wie es oben unterstellt wurde.

Doch können Ersatzinvestitionen unterlassen werden, und aus Ersparnissen gebildete Finanzierungsmittel können verwendet werden, um neue Produktionsstätten im Ausland zu finanzieren. Auf längere Sicht kann auf diese Weise sehr wohl ein erheblicher Prozentsatz des Kapitalstocks ins Ausland verlagert werden. Die Abwanderung von Kapital dämpft den pathologischen Exportboom, weil sie die Volkswirtschaft insgesamt zurückwirft. Insofern ist dieser Boom vermutlich nur ein temporärer Supernova-Effekt. Dafür vergrößert die Abwanderung jedoch die Arbeitslosigkeit umso mehr. Die Probleme des Landes werden dann größer statt kleiner.

Wenn die Kapitalflucht auftritt, gibt es freilich ein neues Erkenntnisproblem, das so manchen Hobby-Ökonomen zum Umdenken zwingt. Diesem Problem widmet sich das nachfolgende Kapitel.

# 13.

## WAS ES MIT DEM EXPORTÜBERSCHUSS AUF SICH HAT: KAPITALFLUCHT ODER KONJUNKTURSTIMULUS?

Reformgegner pflegen nicht nur auf die gestiegene export-induzierte Wertschöpfung zu verweisen. Auch der wachsende deutsche Außenbeitrag wird in den Dienst genommen, um die Wettbewerbsstärke Deutschlands zu belegen. Der Außenbeitrag ist definiert als Differenz zwischen den Exporten und den Importen. Zu beiden Größen gehören Waren und Dienstleistungen gleichermaßen, und zu den Importen gehören nicht nur die oben betrachteten importierten Vorleistungen, sondern auch die Importe von Fertigwaren, die bei uns im Land konsumiert werden. Da die Wertschöpfung im Export auch dann steige, wenn man sie um alle Importe bereinige, so das Argument der Reformgegner, sei klar, dass Deutschland international wettbewerbsfähig sei und seine Gewinne aus dem internationalen Handel weiter vergrößere. Zwar sei es richtig, dass immer größere Teile des Exports vorher aus dem Ausland importiert werden. Doch auch, wenn man die Importe abziehe, gäbe es noch einen positiven Effekt auf das deutsche Wirtschaftswachstum, und dieser Effekt werde durch den Anstieg des Außenbeitrags gemessen. Die Vertreter dieses Arguments in Politik und Medien sind so zahlreich, dass es müßig ist, sie hier im Einzelnen aufzuführen. Unter ihnen gibt es auch gelernte Ökonomen, aber das macht das Argument auch nicht richtiger.[92]

Der Begriff Außenbeitrag entstammt der keynesianischen Analyse, die auch die Grundlage für die Arbeiten von Richard Stone (Nobelpreis 1984) ist, auf deren Basis seinerzeit das Rechenwerk der volkswirtschaftlichen Gesamtrechnung entstanden ist. Es suggeriert etwas Positives, einen Beitrag zum Wachstum der Volkswirtschaft. Und in der Tat ist die Meinung verbreitet, dass ein hoher Außenbeitrag gut für Deutschland sei und Arbeitsplätze schaffe. Die Wahrheit ist aber doch eine andere.

Richtig ist, dass kurzfristige Schwankungen des Außenbeitrags, die durch Änderungen der ausländischen Konjunkturlage verursacht werden, Nachfrageschwankungen für deutsche Waren bedeuten können, die dann entsprechende Schwankungen des Auslastungsgrads der deutschen Produktionskapazität nach sich ziehen. Wenn also zum Beispiel die amerikanische Wirtschaft im Aufschwung ist und deshalb mehr deutsche Waren kauft, steigt der deutsche Export und mit ihm die Beschäftigung in der Exportindustrie in dem Maße, wie nicht zugleich zusätzliche Importe induziert werden. Der Außenbeitrag als Differenz zwischen Exporten und Importen hat deshalb in der Konjunkturanalyse seinen Platz. Kurzfristige Wachstumsprognosen, bei denen es um Änderungen des Auslastungsgrades der Produktionskapazität geht, benötigen stets eine Hypothese zur Entwicklung des Außenbeitrags. Im Jahr 2004 lag der konjunkturelle Impuls, der vom Außenbeitrag ausging, zum Beispiel bei 1,1%.[93] Er war in jenem Jahr der einzige wirkliche konjunkturelle Impuls der Wirtschaft.

***

Aber das sind alles keine dauerhaften Effekte. Dauerhaftes Wachstum im Inland wird nicht erzeugt, indem der

Auslastungsgrad der Produktionskapazität gesteigert wird, sondern nur, wenn die Kapazität selbst erhöht wird. Und in dieser Hinsicht ist ein positiver Außenbeitrag eher problematisch. Er verringert das Wachstum der Produktionskapazität, weil er einen Kapitalexport ins Ausland sowie Geschenke des Inlands an das Ausland misst. Wenn ein Land mehr Waren und Leistungen ans Ausland liefert, als es von dort bekommt, muss es den Überschuss an Waren und Leistungen entweder verschenken oder gegen Vermögenstitel eintauschen. Der geschenkte Teil, die so genannten Transfers, sind beispielsweise Heimatüberweisungen der Gastarbeiter, die Entwicklungshilfe, Nettozahlungen an die EU und Ähnliches. Der gegen Vermögenstitel eingetauschte Teil umfasst Kredite, die Forderungen von Inländern gegen Ausländer begründen, sowie Vermögenskäufe im Ausland, wie zum Beispiel der Erwerb von Schuldverschreibungen, Realkapital, Firmen, Aktien, Devisen und dergleichen. Wenn also zum Beispiel Amerikaner mehr deutsche Waren kaufen, als sie uns amerikanische Waren verkaufen, dann geben sie uns dafür Geld. Dieses Geld können wir entweder Ausländern schenken, oder wir können es verwenden, um ausländische Vermögenstitel zu erwerben. Aus welchem Grunde auch immer wir das Geld hergeben: Derjenige, der es bekommt, wird dadurch in die Lage versetzt, mehr zu konsumieren oder zu investieren, was wir sonst auch selbst hätten tun können. Auf jeden Fall verlieren wir im Umfang des Außenbeitrags Kapital an das Ausland.

Zieht man vom Außenbeitrag die laufenden Transfers, also die Geschenke, an das Ausland ab, erhält man den so genannten Leistungsbilanzüberschuss. Und zieht man hiervon die Zunahme der Devisenbestände der Bundesbank ab, erhält man eine Größe, die Nettokapitalexport genannt wird. Alle drei Größen hängen in der Praxis, wie Abbildung 13.1 zeigt, eng miteinander zusammen.

Dabei ist die Zunahme der Devisenbestände der Bundesbank, auch wenn die offizielle Statistik diese Bezeichnung nicht wählt, ebenfalls ein Kapitalexport. Einerseits können nämlich ausländische Notenbanken ihre Geldmenge inflationsfrei erhöhen, indem sie bei sich zu Hause mit neu gedrucktem Geld Wertpapiere ankaufen, die private Investoren ausgegeben haben, um damit reale Investitionsprojekte zu finanzieren. Die Zunahme des Devisenbestands bei der Bundesbank ist dann aus ökonomischer Sicht ein zinslos an das Ausland vergebener Kredit und damit ein ökonomischer Kapitalexport.

Andererseits legt die Bundesbank ihre Devisenbestände zumeist selbst wiederum in kurzfristigen verzinslichen Anlageformen an, ohne dass dies in der Zahlungsbilanz als Umbuchung erscheint. Sie kauft zum Beispiel die so genannten *Treasury Bills*, also Schatzwechsel, die vom amerikanischen Staat ausgegeben wurden. Insofern steht hinter dem Devisenimport in aller Regel sogar ein verzinslicher Kapitalexport.

Auch die Transfers an das Ausland stellen einen Kapitalabfluss dar, weil es sich bei diesen Transfers um Vermögensansprüche handelt, die dem Ausland geschenkt werden. Man nennt diesen Abfluss zwar nicht Kapitalexport, weil ihm später keine Rückflüsse gegenüberstehen. Dennoch misst er den Verlust an Kapital, das im Inland hätte investiert werden können.

Zusammenfassend kann man deshalb feststellen, dass der deutsche Außenbeitrag den Nettokapitalabfluss von Deutschland ins Ausland misst, wobei ein Teil des Kapitals verzinslich angelegt, ein Teil zinslos verliehen und ein anderer Teil verschenkt wird. Der Außenbeitrag misst demnach die Finanzierungsmittel, die vom inländischen Kapitalmarkt in ausländische Verwendungen fließen und für inländische Investitionen nicht mehr zur Verfügung stehen.

Außenbeitrag[1], ökonomischer Außenbeitrag[2],
Leistungsbilanzüberschuss[3] und Nettokapitalexport[4];
Deutschland 1980–2004

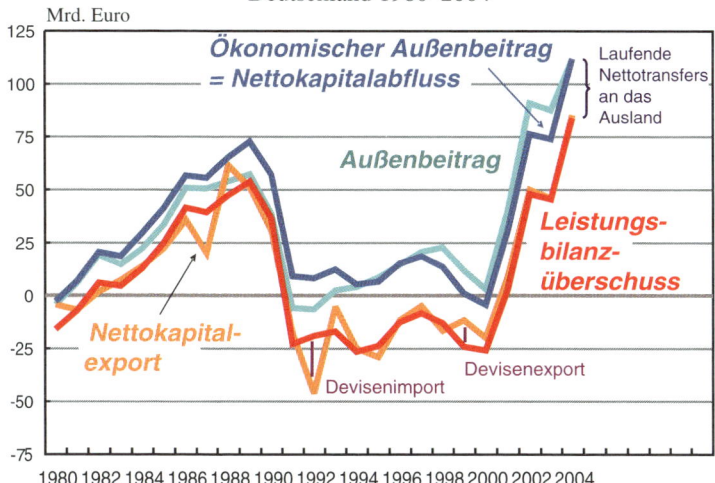

1) Außenbeitrag = Exporte von Waren und Dienstleistungen minus Importe von Waren und Dienstleistungen (ohne Kapitaldienste).
2) Ökonomischer Außenbeitrag = Außenbeitrag minus netto an das Ausland transferierte Erwerbs- und Vermögenseinkommen als Maß der aus dem Ausland importierten Kapitaldienste. (Bis 1992 stand bei der Darstellung der Konjunkturentwicklung das Bruttosozialprodukt im Vordergrund und der ökonomische Außenbeitrag wurde als „Außenbeitrag" an sich bezeichnet. Seit Mitte 1992 wird vom Statistischen Bundesamt – internationalen Gepflogenheiten folgend – das Bruttoinlandsprodukt als wichtigster Indikator in den Mittelpunkt gestellt, womit sich die Definition des Außenbeitrags geändert hat. Der Text geht auf die Feinheiten nicht ein, meint aber stets den ökonomischen Außenbeitrag.)
3) Leistungsbilanzüberschuss = ökonomischer Außenbeitrag plus Nettovermögenstransfers vom Ausland minus laufende Nettotransfers an das Ausland (Geschenke im Sinne von Gastarbeiterüberweisungen, Entwicklungshilfe, Nettozahlungen an die EU etc.).
4) Nettokapitalexport = Leistungsbilanzüberschuss minus Netto-Devisenimporte. (In der Praxis weicht die in der Zahlungsbilanz ausgewiesene Änderung der Nettoforderungen gegenüber dem Ausland hiervon wegen erheblicher Messprobleme ab. Zu den Messproblemen gehören zum Beispiel die schwarzen Kapitalströme oder schwarze Handelsgeschäfte. Vgl. A. Stobbe, Volkswirtschaftliches Rechnungswesen, Springer: Berlin, Heidelberg und New York, 8. Auflage, 1994, S. 242 und 244.

Quelle: Deutsche Bundesbank, Zeitreihen-Datenbank; Berechnungen des ifo Instituts.

ABBILDUNG 13.1

Abbildung 13.1 illustriert die Entwicklung des deutschen Außenbeitrags und des Leistungsbilanzüberschusses seit 1980, wobei vor der Vereinigung nur Westdeutschland dargestellt ist. Man sieht, dass beide Größen sich sehr ähnlich entwickeln, weil die laufenden Übertragungen an das Ausland in der Zeit wenig schwanken, wenngleich sie trendmäßig zunehmen. Während der Außenbeitrag seit 1980 fast immer positiv war, ist aus dem Überschuss der Leistungsbilanz in den Jahren nach der Vereinigung temporär ein Defizit geworden. Deutschland brauchte damals sehr viel Kapital, um die neuen Bundesbürger, die anfangs selbst kaum noch produzierten, zu ernähren. Danach kehrte der Leistungsbilanzsaldo aber wieder zurück in den positiven Bereich. Im Jahr 2003 lag der Überschuss der Leistungsbilanz bei 2,1% des deutschen Bruttoinlandsprodukts und im Jahr 2004 bei 3,8%.

Die Aussage, dass der Außenbeitrag den deutschen Kapitalabfluss misst, ist rein definitorischer Natur. Sie hat nichts mit der Frage zu tun, durch welche Kräfte der Außenbeitrag bestimmt wurde – ob also die Nachfrage nach deutschen Gütern, die verringerte Importlust der Konsumenten oder der autonome Wunsch, Kapital ins Ausland zu exportieren, dahinter steht. Definitorisch gilt, dass die Ersparnis einer Volkswirtschaft der Summe aus ihren Nettoinvestitionen und ihrem Außenbeitrag abzüglich der Transfers an das Ausland entspricht. Die Ersparnis ist nämlich jener Teil des Sozialprodukts, der nicht konsumiert und nicht an das Ausland verschenkt wird, und dieser Teil kann entweder investiert werden oder er fließt an das Ausland. Weitere Möglichkeiten gibt es nicht. Dies gilt unabhängig davon, ob Außenbeitrag und Nettoinvestitionen die Ersparnis bestimmen, wie es bei kurzfristigen Konjunktureffekten der Fall ist, oder ob die Ersparnis auf dem Wege über den Kapitalmarkt die Nettoinvestitionen und den Außenbeitrag treibt, was längerfristig der relevantere Zusammenhang ist. Der Hinweis darauf, dass der Außenbeitrag den Kapitalabfluss misst, besagt deshalb nicht, dass der autonome Wunsch, Kapital zu exportieren, für die Höhe dieses Außenbeitrags maßgeblich ist.

Der Hinweis sagt auch nichts über die Bewertung des Kapitalabflusses, wie er durch den Außenbeitrag gemessen wird. Ein Kapitalabfluss ins Ausland kann gut und er kann schlecht für Deutschland sein. Die Antwort auf diese Frage hängt von den im Ausland und Inland erzielbaren Kapitalrenditen und den Gründen für mögliche Abweichungen in den Renditen ab. Auf jeden Fall ist er schlecht für die deutschen Arbeitnehmer, denn die Arbeit ist das Komplement des Kapitals.[94] Arbeitsproduktivität und Lohn stehen in einer engen Beziehung zum Kapitaleinsatz eines Landes. Je weniger Kapital ins Ausland abfließt, je kleiner also der Außenbeitrag ist, desto besser ist das unter sonst gleichen Voraussetzungen für die deutschen Arbeitskräfte.

Man mag entgegenhalten, dass die Verminderung des Außenbeitrags immerhin einen Nachfrageausfall bedeute, was insofern schlecht für die Arbeitsplätze sei. Aber auch das ist nicht der Fall, wenn es gelingt, den Kapitalstrom in eine inländische Verwendung zu lenken. Man stelle sich zum Beispiel vor, die Firma Gildemeister liefert eine Werkzeugmaschine an einen deutschen statt an einen amerikanischen Kunden, und die Deutsche Bank gibt das bei den deutschen Sparern eingesammelte Geld dem deutschen statt dem amerikanischen Kunden zur Finanzierung der Maschine. In diesem Fall sinkt zwar der Außenbeitrag, doch bleibt die Nachfrage nach den Produkten der deutschen Wirtschaft unverändert, und das deutsche Wachstum nimmt zu, weil die Produktionskapazität statt im Ausland in Deutschland ausgebaut wird. Durch die damit verbundene Schaffung neuer Stellen ist der Verteilungsspielraum für die deutschen Arbeitnehmer größer, und der Lohndruck ist geringer. Das Beispiel ist nicht konstruiert, sondern typisch. Wenn es gelingt, inländische Investoren zur Abnahme der derzeit ins Ausland fließenden Ersparnisse zu bewegen, braucht man keinen Nachfrageausfall wegen eines fallenden Außenbeitrags zu befürchten und kann sich zudem an der Erhöhung der inländischen Produktionskapazität sowie in den allermeisten Fällen auch an der Schaffung neuer Arbeitsplätze erfreuen.

$$***$$

Ob der Ersatz einer Auslands- durch eine Inlandsinvestition gut oder schlecht für Deutschland als Ganzes ist, hängt davon ab, wo die deutsche Volkswirtschaft höhere Kapitalerträge erwirtschaftet. Bei freien Kapital- und Arbeitsmärkten kann man in der Regel darauf vertrauen, dass die privaten Renditen mit den volkswirtschaftlichen Renditen deckungsgleich sind, so dass die privaten Anlageentscheidungen zu einem auch volkswirtschaftlich richtigen Ergebnis führen. So kann es sein, dass ein Land so übersättigt mit Kapital ist, dass es sein neues Sparkapital besser im Ausland anlegt, weil dort ein viel höherer Beitrag zum eigenen Sozialprodukt verdient werden kann, als es im Inland möglich wäre.

Dieser Fall passt indes nicht auf Deutschland, denn die Kapitalerträge sind nicht nur deshalb so niedrig, weil dieses Land übermäßig mit Kapital ausgestattet ist, sondern auch, weil die Löhne künstlich durch marktfremde Kräfte hochgetrieben sind. Das Kapital wandert ins Ausland, obwohl es bei markträumenden, also die Arbeitslosigkeit vermeidenden Löhnen noch rentable Investitionsprojekte in Deutschland gäbe. Die echten volkswirtschaftlichen Erträge des Kapitals liegen in diesem Fall über den privaten Erträgen, weil die Vorteile aus der Verminderung der Arbeitslosigkeit noch hinzugerechnet werden müssen. Insofern ist die Abwanderung von Investitionskapital ins Ausland sehr wohl ein Problem.

\*\*\*

Wie Abbildungen 3.2 und 3.3 gezeigt haben, fällt die deutsche Nettoinvestitionsquote trendmäßig seit 30 Jahren und ist insbesondere in den letzten Jahren unter das Niveau vergleichbarer Länder abgetaucht. Sie lag zuletzt (2003) auf dem niedrigsten Wert aller OECD-Länder. Die geringen Investitionen haben verschiedene, gleichzeitig wirkende Nachfrage- und Angebotseffekte hervorgerufen, von denen Deutschland heute nachteilig betroffen ist:

1. Wegen der niedrigen Investitionen fehlte es an konjunkturell relevanter Binnennachfrage nach den Produkten der Investitionsgüterindustrie. Das senkte die Importe von Vorleistungen seitens dieser Industrie. Wegen der schwachen Binnennachfrage der Investoren, die sich über einen Multiplikatorprozess auf den Rest der Wirtschaft übertragen hat, waren aber auch die konsumabhängigen Importe niedrig. Aus beiden Gründen entstand ein hoher Außenbeitrag.

2. Die verringerten Investitionen hatten eine verlangsamte Entwicklung der Produktionskapazitäten bei den Käufern der Investitionsgüter zur Folge. Das Trendwachstum fiel.

3. Wegen der geringen Investitionen und der Lohnstarrheit entstanden zu wenig neue Arbeitsplätze. Die Arbeitslosigkeit stieg. Die Angst um den Arbeitsplatz wuchs. Der Konsum ging wegen der Angst gegen den Trend zurück, und die Sparquote nahm zu.

4. Die Schere zwischen den Finanzierungsmitteln, die die Sparer auf dem Wege über das Bankensystem zur Verfügung stellen, und den Mitteln, die die Investoren abrufen, wurde immer größer. Die nicht benötigten Finanzierungsmittel flossen über die Finanzkapitalmärkte ins Ausland. Wie stets waren sie gerade so groß, das Finanzierungsdefizit der Ausländer beim Kauf deutscher Waren und Dienstleistungen, also den deutschen Außenbeitrag oder Exportüberschuss, zu decken.

Kurzum: Da die Investitionen schrumpften und das Kapital ins Ausland floss, erlahmte das inländische Wachstum nachfrage- und angebotsseitig, stieg die Arbeitslosigkeit und vergrößerte sich der Außenbeitrag. Es ist abwegig, den steigenden Außenbeitrag als Indikator einer steigenden Wettbewerbsfähigkeit des Industriestandorts Deutschland zu interpretieren. Und wenn man seine Ursachen bedenkt, stimmt es noch nicht einmal, dass der hohe Außenbeitrag konjunkturell von Nutzen war.

Abbildung 13.2 illustriert die quantitative Bedeutung dieser Zusammenhänge in einem Diagramm. Es zeigt die Nettoinvestitionen, die gesamtwirtschaftliche Ersparnis und den Außenbeitrag jeweils als Prozentsatz des Nettosozialprodukts. Man sieht deutlich, wie sich seit dem Jahr 2001 die Differenz zwischen Ersparnissen und Investitionen, die den Kapitalexport aus Deutschland und damit zugleich den Leistungsbilanzüberschuss bemisst, immer weiter vergrößert hat. Ersparnis und Investitionen drifteten auseinander, weil sowohl die Konsumenten als auch die Investoren das Vertrauen in die Zukunft verloren haben. Die Unsicherheit über die Zukunft hat die einen veranlasst, mehr zu sparen, und die anderen, weniger zu investieren. Die Zunahme des Leistungsbilanzüberschusses und des Kapitalexports waren die zwangsläufigen Folgen.[95]

Ersparnis, Nettoinvestitionen und Leistungsbilanz
in Relation zum Nettosozialprodukt, Deutschland 1991–2004

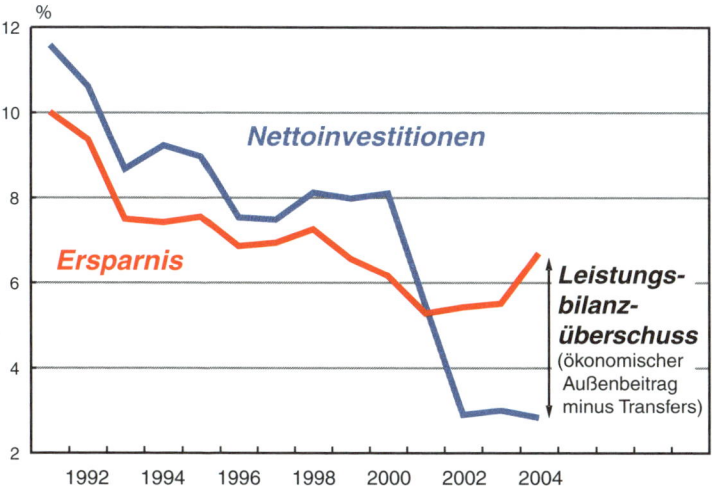

Quelle: Statistisches Bundesamt, Fachserie 18, Reihe S.26; Berechnungen des ifo Instituts.

ABBILDUNG 13.2

Nach dieser Erklärung löst sich die Behauptung der Reformgegner, der wachsende Leistungsbilanzüberschuss sei ein Zeichen für Deutschlands Stärke und für Globalisierungsgewinne, in Luft auf. Die Differenz zwischen Exporten und Importen ist eine Reaktion darauf, dass sowohl Firmen als auch die privaten Haushalte das Vertrauen in die Wirtschaft verloren haben. Die Differenz ist auch ein Maß für den Kapitalverlust und den damit einhergehenden Arbeitsplatzabbau, den das Land erleidet. Der *Spiegel* hatte also gar nicht so Unrecht, als er ironisch titelte: »Deutschland: Exportweltmeister (von Arbeitsplätzen)«.[96]

***

Nun wird im Hinblick auf den internationalen Kapitalverkehr manchmal auf die Statistik der Direktinvestitionen zwischen Deutschland und dem Ausland verwiesen.[97] Diese Statistik zeigt, dass Deutschland in den Jahren 2002 und 2003 direkt investiertes Unternehmenskapital von netto 38 Milliarden Euro bzw. 27 Milliarden Euro importiert hat. Widerspricht dies nicht der Aussage, dass Deutschland derzeit sehr viel Kapital an das Ausland abgibt?

Die Antwort ist nein. Die Direktinvestitionen sind nur ein sehr kleiner Teil der Kapitalströme. Das weitaus meiste Kapital überquert die Ländergrenzen auf dem Wege über die Finanzkapitalmärkte. Der Außenbeitrag misst den Nettoabfluss an Kapital ins Ausland, wie er sich in der Summe aus Direktinvestitionsströmen und Finanzkapitalströmen ergibt, und dieser Nettoabfluss ist positiv, wie es oben gezeigt wurde.

Darüber hinaus ist zu bedenken, dass Direktinvestitionen nicht das messen, was landläufig gedacht wird, nämlich dass Ausländer im Inland neue Fabriken auf der »grünen Wiese« bauen und dadurch Arbeitsplätze schaffen. Direktinvestitionen in Deutschland sind überwiegend etwas ganz anderes, nämlich einerseits Käufe von bereits existierenden Firmen durch Ausländer und andererseits einbehaltene Gewinne von Firmen, die sich bereits in ausländischem Eigentum befinden, welchem Zweck auch immer diese Gewinneinbehaltungen dienen.

So war zum Beispiel der Ausverkauf der deutschen Pharmaindustrie an die Franzosen eine Direktinvestition in Deutschland. Diese Direktinvestition hat nicht notwendigerweise einen Kapitalfluss nach Deutschland bedeutet, denn die deutschen Aktionäre haben ihre Verkaufserlöse postwendend als Portfolioinvestitionen wieder auf dem internationalen Kapitalmarkt angelegt. Durch diesen Ausverkauf sind vermutlich keine Arbeitsplätze in Deutschland entstanden. Langfristig ist eher das Gegenteil zu vermuten.

Und wenn IBM Deutschland Gewinne macht und diese Gewinne am internationalen Finanzkapitalmarkt anlegt, weil sich das Investieren in Deutschland nicht mehr lohnt, dann zählt dies in der Direktinvestitionsstatistik als deutscher Kapitalimport, obwohl doch in Wahrheit Finanzmittel von Deutschland ins Ausland fließen und dort Arbeitsplätze schaffen. Das ist nicht nur für Nichtspezialisten irritierend.

Nein, Direktinvestitionen haben in einem mit Kapital gesättigten Land mit vielen »reifen« Firmen, die Gewinne einbehalten und zum Spielball der internationalen Finanzmärkte werden, eine ganz andere Bedeutung als in Osteuropa, wo noch Direktinvestitionen auf der grünen Wiese die Oberhand haben, und jedenfalls ist mit ihnen meistens keine Schaffung von Arbeitsplätzen verbunden. Die semantische Anmutung dieses Wortes und das, was in der Statistik der Direktinvestitionen wirklich gemessen wird, liegen meilenweit auseinander. Nur der Außenbeitrag, also die Differenz zwischen Exporten und Importen, misst, wie viel Kapital das Land per saldo wirklich verlässt.

Im Übrigen sei der Hinweis erlaubt, dass die Direktinvestitionsstatistik sich im Jahr 2004 bereits wieder gedreht hat. In diesem Jahr war Deutschland mit einem Betrag von 22 Milliarden Euro wieder Exporteur von direkt investiertem Kapital. Auch der rasche Wechsel der Vorzeichen bei der Direktinvestitionsstatistik zeigt, wie sehr die Direktinvestitionen von den Zufälligkeiten des Akquisitionsgeschehens abhängen und wie wenig man aus dieser Statistik für die Frage der Standortqualität einer reifen Volkswirtschaft ablesen kann.[98]

Die Fehldeutungen des Außenbeitrags und der Direktinvestitionen sind weitere Beispiele für die Gefähr-

lichkeit naiver Interpretationen des Außenhandelsgeschehens. Denn auch sie werden von den Reformgegnern
benutzt, um das Volk im Glauben zu wiegen, dass die deutsche Wirtschaft floriere und den Belastungstest durch die
Lohn- und Sozialpolitik, den der SPD-Politiker Jochen
Steffen einst angekündigt hatte, bislang glänzend bestanden habe.

# 14.

## DIE PROBLEME AUF DEN PUNKT GEBRACHT – EINE ZUSAMMENFASSUNG

Der Wind der Globalisierung wird stärker, und die Wolken verdunkeln sich; es könnte sich ein Sturm über Deutschland zusammenbrauen. Um uns zu schützen und richtig reagieren zu können, müssen wir verstehen, was geschieht. Das Erkenntnisproblem, das Angela Merkel bestreitet, muss gelöst werden, damit wir anschließend richtig handeln können. Die eingangs zitierte Stellungnahme von Oskar Lafontaine, der ein kluger Mann, aber kein Ökonom ist, zeigt, wie weit der Weg dahin noch ist. Noch funktioniert das deutsche Frühwarnsystem nicht.

\*\*\*

Deutschland hat kein Konjunktur-, sondern ein Strukturproblem. Das riesige Konjunkturprogramm, das mit der deutschen Vereinigung kam, hat nichts gebracht, und ganz offenkundig ist der nun 35 Jahre während zyklische Aufbau der deutschen Arbeitslosigkeit struktureller Natur. Das Strukturproblem resultiert aus einer Kostenkrise. Die internationale Spitzenposition bei den Lohnkosten war schon lange die Achillesferse des deutschen Modells. Durch die Beteiligung der exkommunistischen Niedriglohnländer am Wettbewerb wurde sie zum Verhängnis. Massenarbeitslosigkeit, Investitionsstreik und Wachstumsschwäche sind die Folge einer Flucht der Unternehmen vor den deutschen Löhnen.

Viele Unternehmer fliehen aus der Verantwortung, indem sie ihre Expansionspläne begraben oder ihre Unternehmen auflösen und sich mit der Verwaltung ihres verbliebenen Vermögens beschäftigen. Viele gehen auch in Konkurs. Der deutsche Kapitalmarkt schwimmt in Geld, das keiner haben will. Durch die Kanäle des internationalen Finanzsystems fließen die überschüssigen Kreditmittel an ausländische Investoren, die damit sonst wo in der Welt neue Projekte finanzieren.

Die meisten Unternehmer versuchen zu überleben, indem sie den Lohnkosten auf immer wieder neuen Produktionswegen zu entkommen suchen. Seit den siebziger und achtziger Jahren fliehen sie zu den Robotern; heute fliehen sie zu den Polen und Chinesen. Die Verlagerung immer größerer Teile ihrer Produktion in die exkommunistischen Niedriglohnländer – sei es durch eigene Direktinvestitionen, sei es durch auswärts eingekaufte Zulieferungen – ist der neue Trend der Zeit.

Nach den vorliegenden empirischen Befunden des ifo Instituts, des Sachverständigenrats und des Statistischen Bundesamts steht zweifelsohne fest, dass sich Deutschlands Industrie allmählich in die Richtung einer Basar-Ökonomie entwickelt. Bei den Industrieprodukten, bei den Exporten insgesamt und bei den Exporten des verarbeitenden Gewerbes hat die Fertigungstiefe seit Mitte der neunziger Jahre sehr stark zugunsten ausländischer Vorleistungen abgenommen. Im Durchschnitt bestehen bereits 39% der Exporte aus exportinduzierten Importen. Und von jedem zusätzlichen realen Euro Export flossen im Mittel der Jahre von 1991 bis 2002 sogar schon 53% direkt in den Kauf von Vorleistungen für Exporte und durchgeschleuste Handelsware.

Die Behauptung, die verringerte Fertigungstiefe sei vornehmlich durch ein inländisches *Outsourcing* in den Dienstleistungssektor zu erklären, ließ sich widerlegen. Neun Zehntel der Verringerung der Fertigungstiefe des verarbeitenden Gewerbes in der Zeit von 1995 bis 2004 sind durch eine Verlagerung von Wertschöpfung ins Ausland zu erklären. Nur ein Zehntel entfällt auf inländisches *Outsourcing*.

Der Basar-Effekt ist in den meisten westeuropäischen Ländern zu beobachten. Doch Deutschland ist von ihm wesentlich stärker betroffen als andere Länder, was einerseits an seinen hohen Lohnkosten, andererseits an seiner kulturellen und geographischen Nähe zu den Niedriglohngebieten Osteuropas liegt. Zwar hat Deutschland wegen seiner Größe und traditionellen Stärke bei der Industrieproduktion noch immer eine höhere Fertigungstiefe als der Durchschnitt der alten EU-Länder. Doch hat sich der Abstand zu diesem Durchschnitt von 1991 bis 2001 um ein Viertel verringert. Außerdem ist die Fertigungstiefe in dieser Zeitspanne unter das Niveau der vergleichbaren Länder Frankreich, Großbritannien, Japan und USA gefallen, obwohl sie ursprünglich deutlich darüber lag. Unter den Ländern, für die Eurostat Daten zur Verfügung stellt, war Deutschland dasjenige, in dem sich von 1995 bis 2000 der Anteil der importierten Vorleistungen an allen Vorleistungen der Wirtschaft am stärksten vergrößert hat.

\*\*\*

Es ist schwierig zu beantworten, ob Deutschland von der Globalisierung im Allgemeinen und vom Basar-Effekt im Besonderen profitiert. Sicherlich profitieren Deutschlands Exportfirmen und die Firmen des verarbeitenden

Gewerbes vom Basar-Effekt. Ihre Wettbewerbsfähigkeit wird gestärkt. Doch zugleich ist die Wettbewerbsfähigkeit der teuren deutschen Arbeiter gefährdet. Sie ist genau deshalb gefährdet, weil die Firmen ihre Wettbewerbsfähigkeit durch *Outsourcing* und *Offshoring* in die Niedriglohngebiete erhalten können, was ihnen eine Mischkalkulation bei den Lohnkosten erlaubt. Geschützt werden deutsche Arbeitsplätze durch das *Outsourcing* nur in dem Sinne, dass das Schiff sinken würde, wenn es nicht einen Teil des Ballasts über Bord werfen würde.

Der Basar-Effekt ist nicht grundsätzlich schlecht für Deutschland, im Gegenteil: Das Land hat die Möglichkeit, durch den Wandel zur Handelsdrehscheibe zwischen Ost und West die Basis für ein neues Wirtschaftswachstum zu legen. Deutschland ist zwar nicht mehr die Apotheke der Welt. Die hat es an die Franzosen verkauft. Aber das Land ist immer noch der Industriekaufladen der Welt, der eine Produktpalette anzubieten hat wie kein anderes Land. Drei Viertel der großen Messen der Welt finden in Deutschland statt. Ein Viertel verteilt sich auf alle anderen Länder. Auch mit Basar-Tätigkeiten lässt sich gutes Geld verdienen. Die Ingenieure, die Kaufleute, die Designer, die Vertreter, die Marketing-Fachleute, die für die Zuarbeit zu den Basaren gebraucht werden, üben hochwertige, gut bezahlte Tätigkeiten aus. Eine weitere Steigerung der Spezialisierungsvorteile und Handelsgewinne, denen Deutschland bis zum heutigen Tage seinen Wohlstand verdankt, ist also möglich.

Aber man darf es nicht übertreiben. Wenn uns die Industriebeschäftigung schneller wegbricht, als wir anderswo Ersatz schaffen können, haben wir ein ernsthaftes Problem. Damit das nicht geschieht, müssen die deutschen Arbeitsmärkte in punkto Lohn und Art der Arbeit hinreichend flexibel sein, um trotz eines umfangreichen

Wandels in der Sektorstruktur zur Vollbeschäftigung zurückkehren zu können. Insbesondere müssen die Arbeitslöhne dem Globalisierungsdruck nachgeben können, wo es erforderlich ist. Tun sie es nicht, läuft Deutschland Gefahr, seine Spezialisierungsvorteile und Handelsgewinne wieder zu verlieren.

Deutschland befindet sich in einem Prozess der allmählichen Lohnangleichung zwischen den Ländern der Welt, den Ökonomen auf das Gesetz des Faktorpreisausgleichs zurückführen. Der Faktorpreisausgleich ist zwar nur ein langsamer Prozess, der sich über Jahrzehnte hinzieht und auch nie perfekt sein wird. Durch technischen Fortschritt und Bildungsinvestitionen kann man ihn verzögern. Es wohnt ihm aber eine große Kraft und Beharrlichkeit inne, die nicht dauerhaft aufgehalten werden kann. Die exkommunistischen Länder von Osteuropa bis China beherbergen insgesamt mehr als ein Viertel der Menschheit. Wenn man Indien noch hinzurechnet, kommt man gar auf knapp 40%. Den Lohnwettbewerb mit diesen Ländern kann man nicht gewinnen; das ist wohl wahr. Wer aber glaubt, man brauche sich ihm nicht zu stellen, verwechselt die Weltwirtschaft mit einem Schachspiel. Das Primat der Politik, das bei dieser Gelegenheit vielfach zitiert wird, ist eine heroische Forderung, die, nachdem sie aus ohnmächtigen Kehlen verkündet wurde, in den Weiten Asiens verschallt.

Es ist zwar verständlich, dass sich in Deutschland die Gewerkschaften und der Sozialstaat mit aller Macht gegen die Tendenzen zur Annäherung der Löhne stemmen und die aus besseren Zeiten stammenden Lohnstrukturen verteidigen. Die Folge ist jedoch, dass zu viele Arbeitsplätze ins Ausland verlagert werden und zu wenig neue Arbeitsplätze an anderen Stellen der deutschen Wirtschaft entstehen. Die Reise in Richtung Basar-Ökonomie geht zu schnell. Eine Entwicklung, die prinzipiell positiv ist und grundsätzlich als Verbesserung der internationalen Arbeitsteilung interpretiert werden kann, ist wegen der hohen und starren Löhne in ihren Ausmaßen gleichwohl extrem übertrieben.

Obwohl sich die Wertschöpfung in der Industrie durch den Basar-Effekt stabilisiert hat, befindet sich die Industriebeschäftigung in Deutschland im freien Fall. Kein anderes OECD-Land hatte seit 1991 einen so großen prozentualen Rückgang der Beschäftigung im verarbeitenden Gewerbe zu verkraften wie Deutschland, und selbst Westdeutschland für sich genommen liegt auf dem zweitletzten Rang der entwickelten Länder dieser Welt. Von 1995 bis 2004 sind, um Kalendereffekte bereinigt und in Vollzeitäquivalenten gerechnet, 1,09 Millionen Arbeitsplätze im verarbeitenden Gewerbe verloren gegangen.

Leider hat sich im Rest der Wirtschaft das Beschäftigungsvolumen nicht vermehrt, wenngleich es dort umfangreiche interne Verschiebungen gab und die Teilzeitbeschäftigung zugenommen hat. Ja, die Zahl der vollzeitäquivalenten Arbeitsplätze nahm im Rest der Wirtschaft sogar etwas ab (– 170.000), so dass die gesamte deutsche Beschäftigung, in Vollzeitäquivalenten gerechnet, von 1995 bis 2004 um 1,26 Millionen Personen sank. Den massenhaften Arbeitsplatzverlusten im verarbeitenden Gewerbe stand also netto kein Aufbau neuer Arbeitsplätze an anderer Stelle gegenüber, wie es für eine Verbesserung der internationalen Arbeitsteilung und entsprechende Handelsgewinne notwendig gewesen wäre. Die intersektorale Wanderung der Arbeitskräfte fand nicht zwischen den Sektoren der privaten Wirtschaft statt, sondern ging zum allergrößten Teil von der Industrie in den Sozialstaat.

Zu der Fehlentwicklung kam es, weil die Lage heute fundamental anders ist als in der Nachkriegszeit. Damals war der Faktorpreisausgleich leicht für Deutschland, weil die Löhne niedrig waren. Niemand hatte etwas dagegen, dass sich die Löhne rasch in Richtung der Niveaus der Siegermächte entwickelten, und so konnte das Land seine Sektorstrukturen optimal auf die weltwirtschaftliche Situation ausrichten und Vollbeschäftigung wahren. Die damals begründeten Handelsgewinne erklären bis zum heutigen Tage den hohen Wohlstand der Deutschen. Angesichts Chinas, Polens und Tschechiens ist der Faktorpreisausgleich für uns Deutsche freilich schwierig, weil der Lohndruck nach unten geht und eine weitere Zunahme der Handelsvorteile nur noch in dem Sinne zu haben ist, dass ein Teil der Lohnbezieher ein kleineres Stück von einem größer werdenden Kuchen erhält.

Die Arbeiter sind die Verlierer der Globalisierung. Das ist schlimm genug. Dass es den Unternehmern und den »Studierten« stattdessen besser geht, ist ihnen kein Trost, ganz im Gegenteil. Wenn wir runter müssen, dann alle, lautet die geheime Devise der Nation. Die schweigende Zustimmung, die diese Forderung genießt, macht eine weitere Steigerung der Handelsgewinne für Deutschland unwahrscheinlicher. Wachstumsschwäche und Massenarbeitslosigkeit sind vorprogrammiert.

\*\*\*

Manche mögen diese Analyse als Schwarzmalerei empfinden und stattdessen auf die Stärken der deutschen Wirtschaft oder das, was sie dafür halten, verweisen. So wird immer wieder die Entwicklung der exportinduzierten Wertschöpfung als Beleg dafür angeführt, dass Deutschland Globalisierungsgewinne erziele. Da das Statistische Bundesamt gezeigt hat, dass diese Wertschöpfung schneller als das Bruttoinlandsprodukt gestiegen ist, folge, dass der Außenhandel den deutschen Wohlstand auch noch in jüngster Zeit habe mehren können.

Diese Argumentation steht indes auf schwachen Füßen. Dass die exportinduzierte Wertschöpfung schneller als das Bruttoinlandsprodukt steigt, ist nämlich fast schon eine Tautologie. Exportgüter sind diejenigen Güter, auf die ein Land sich nach der Eröffnung des Handels spezialisiert. Spezialisierung heißt definitionsgemäß, dass die Produktionsfaktoren, also Arbeit und Kapital, in die Exportproduktion wandern, so dass das dort verdiente Faktoreinkommen, eben die Wertschöpfung, überproportional steigt. Die Zunahme der exportinduzierten Wertschöpfung ist eine normale Begleiterscheinung der Handelsöffnung, die wir Globalisierung nennen. Einen Beleg für Handelsgewinne liefert sie schon deshalb nicht, weil ihr eine relative Abnahme in anderen, mit den Importen konkurrierenden Sektoren gegenübersteht, bei denen Deutschland komparative Handelsnachteile hat. Ob per saldo Handelsgewinne entstehen, kann an der Bruttozunahme der Wertschöpfung allein eines Sektors nicht abgelesen werden.

\*\*\*

Das ist insbesondere auch deshalb nicht möglich, weil die Zunahme der exportinduzierten Wertschöpfung pathologische Ursachen haben kann. Ein Land, das seine Löhne über dem internationalen Wettbewerbsniveau festzurrt, wie Deutschland es tut, ist zu einer übermäßigen Spezialisierung auf kapitalintensive Güter gezwungen. Die hohen und starren Löhne vernichten die arbeitsintensive Produktion, erzwingen den Ersatz durch Importe und treiben die Produktionsfaktoren Arbeit und Kapital in die Exportsektoren, die wegen der hohen Kapitalintensität der Produktion noch am ehesten mit ihnen zurechtkommen. Jedoch können wegen der höheren Kapitalintensität in diesen Sektoren nicht so viele Arbeitsplätze geschaffen werden, wie anderswo verloren gehen. Bei starren Löhnen ist eine übermäßige Exportentwicklung zusammen mit einer zunehmenden Arbeitslosigkeit und einer Wachstumsschwäche das normale Krankheitsbild eines Landes, das außerstande ist, die Globalisierung zum eigenen Vorteil zu nutzen.

Die übermäßige Spezialisierung geht dabei in zwei Richtungen. Zum einen werden arbeitsintensive Produktionsketten wie die Bekleidungs-, Möbel- oder Lederindustrie zugunsten der Industrieproduktion aufgegeben. Zum anderen findet innerhalb der industriellen Ketten eine Spezialisierung auf die kundennahen Endstufen der Produktion statt. Beide Entwicklungen gehen in Deutschland wegen der überhöhten Löhne zu schnell vonstatten. Ersteres erhöht die Wertschöpfung im Export zu schnell, und Letzteres erhöht die Exportmengen pro Einheit Wertschöpfung zu schnell. Im Niedergang erzeugt das Land einen temporären Boom der Exportmengen, der angesichts der anderen Wirtschaftsdaten Erstaunen hervorruft. Doch dieser Boom ist eine fiebrige Überreaktion eines kranken Körpers.

Ein Teil des in den arbeitsintensiven Sektoren freigesetzten Kapitals wandert nicht in die Exportsektoren, sondern ins Ausland. Deutschland hat derzeit einen sehr hohen Kapitalexport in Höhe von knapp 4 % des Bruttoinlandsprodukts, weil die privaten Investoren nicht mehr bereit sind, die Finanzierungsmittel abzurufen, die die privaten Haushalte auf dem Wege der Ersparnis anbieten. Dass sich dieser Kapitalexport definitorisch in der Differenz zwischen Exporten und Importen zeigt und von vielen als Beleg deutscher Außenhandelsgewinne gesehen wird, steht dieser Erkenntnis nicht entgegen. Es ist leider nur ein Beleg dafür, dass die Deutschen ein Erkenntnisproblem haben.

***

Um es zusammenzufassen: Ob Deutschland Globalisierungsgewinner ist und weitere Vorteile aus einer verbesserten internationalen Arbeitsteilung erzielt, lässt sich
nicht am Außenhandel erkennen. Die naiven Interpretationen des Außenhandelsgeschehens, mit der die deutschen Reformgegner hausieren gehen, sind abenteuerlich.
Vielmehr kann diese Frage nur durch einen Blick auf den
Arbeitsmarkt entschieden werden. Der Arbeitsmarkt muss
durch Wanderungen zwischen den Sektoren die Hauptlast
der Spezialisierung tragen, die die Voraussetzung jeglicher
Handelsgewinne ist. Leider hat es nicht den Anschein,
dass der deutsche Arbeitsmarkt diese Herausforderung
mit Bravour besteht. Trotz der umfangreichen Versteckaktionen der Vergangenheit, von der Frührente bis zur
Sozialhilfe, steigt die Arbeitslosigkeit immer weiter. Selbst
im jetzigen Boom der Weltwirtschaft, der alles in den
Schatten stellt, was während des letzten Vierteljahrhunderts beobachtet werden konnte, werden in Deutschland
weiterhin Arbeitsplätze abgebaut. Die offensichtlichen
Defizite des Arbeitsmarkts und die Investitionsschwäche
sind nicht irgendwelche binnenwirtschaftlichen Probleme, die unabhängig vom Außenwirtschaftsgeschehen
bestehen, sondern der unmittelbare Reflex der Kräfte der
Globalisierung. Dass Deutschland dasjenige EU-Land ist,
das seit 1995 am langsamsten gewachsen ist und unter
allen OECD-Ländern die niedrigste Investitionsquote und
die höchste Arbeitslosenquote der gering Qualifizierten
hat, belegt, dass dieses Land die Kräfte der Globalisierung
noch nicht zum eigenen Vorteil hat ummünzen können.

# 15.

## WIE WIR MIT DEM WIND
### SEGELN KÖNNEN

Es wäre fatal, wenn die Politik aus der Analyse dieses Buches den Schluss zöge, man müsse die Kräfte der Globalisierung durch einen neuen Handelsprotektionismus abschwächen, um den Druck auf die deutschen Löhne zu verringern. Eine solche Politik würde auch die alten Handelsgewinne aufs Spiel setzen, denen Deutschland seinen Wohlstand bis heute maßgeblich verdankt. Wer dieses Buch als Globalisierungskritik und Aufruf zum Protektionismus liest, hat es nicht verstanden. Gegen den Protektionismus kann man nicht scharf genug argumentieren.

Die Politik würde richtig reagieren, wenn sie eine marktwirtschaftliche Erneuerung vornähme, wie ich sie in dem »6+1-Punkte-Programm« meines Buches »*Ist Deutschland noch zu retten?*« vorgeschlagen habe. Am wichtigsten sind dabei die Reformen des Sozialstaats.

Die Sozialpolitiker müssen erkennen, dass Deutschland seine Verteilungsziele immer nur mit und nie gegen die Gesetze der Marktwirtschaft erreichen kann. Die Sozialpolitik kann nicht gegen den Wind segeln, gegen einen Sturm schon gar nicht. Politische Macht kann ökonomische Gesetze nicht aushebeln, genauso wenig wie ein Seemann die Gesetze der Natur überwinden kann. Beide können ihre Ziele immer nur im Einklang mit den Gesetzen erreichen.

Der Konflikt zwischen dem Sozialstaat und den Gesetzen der globalisierten Marktwirtschaft lässt sich entschärfen. Er beruht darauf, dass der deutsche Sozialstaat ineffizient konstruiert wurde, indem er auf der Idee des Lohnersatzes gegründet wurde. Der Lohnersatz in Form von Frührente, Arbeitslosengeld und Sozialhilfe sollte die Konsequenzen der Arbeitslosigkeit abfedern. Tatsächlich aber hat er erst die Probleme erzeugt, die er mit seinen Leistungen lindern sollte. Durch die Messlatte der gezahlten Lohnersatzleistungen wurden Mindestlohnanforderungen aufgebaut, die die Wirtschaft angesichts der internationalen Niedriglohnkonkurrenz aus aller Welt in einer wachsenden Zahl von Fällen nicht mehr erfüllen konnte.

Wandelt man diesen Lohnersatz in Lohnzuschüsse um, können die Verteilungsziele des Sozialstaats verteidigt werden, ohne dafür mehr Steuern erheben zu müssen. Lohnersatz macht den Sozialstaat zum Konkurrenten der privaten Wirtschaft, der die Löhne hochtreibt und dort Arbeitsplätze vernichtet. Lohnzuschüsse machen den Staat zum Partner. Sie bauen keine Mindestlohnansprüche auf und schaffen genau die Flexibilität bei der Lohnbildung, die erforderlich ist, um die beschriebenen Handelsgewinne zu erzielen. Zugleich verhindern sie, dass mit den fallenden Löhnen auch die Einkommen fallen.

Es ist völlig unmöglich, den alten, auf der Idee des Lohnersatzes aufbauenden Sozialstaat in der Zeit der Globalisierung und der internationalen Niedriglohnkonkurrenz zu halten. Wer das versucht, wird alles zugrunde richten, weil er damit eine Lohnpolitik gegen die Gesetze des Faktorpreisausgleichs erzwingt. Wohin das führt, hat dieses Buch eindringlich beschrieben. Man muss und kann es anders machen.

Die beiden Haupt-Problemgruppen sind die älteren Arbeitnehmer und die gering qualifizierten Arbeitnehmer.

Beide Gruppen weisen im internationalen Vergleich extrem niedrige Beschäftigungsquoten auf. Ohne das Realeinkommen dieser Gruppen zu schmälern, kann man sie zur Vollbeschäftigung zurückführen, wenn man die Bedingungen ändert, unter denen der Staat seine Hilfen gewährt.

***

Ältere Arbeitnehmer sollten das Recht behalten, trotz Frührente weiter beschäftigt zu sein. Die Frührente könnte innerhalb der heutigen Fristen, freilich mit versicherungsmathematisch korrekten Abschlägen, gewährt werden. Wer sie in Anspruch nehmen möchte, muss nicht aufhören zu arbeiten. Aber er muss bereit sein, einen völlig neuen Arbeitsvertrag mit neuen Kündigungsfristen und einem niedrigeren Lohn als zuvor abzuschließen. Dabei ist es unerheblich, ob die Weiterbeschäftigung bei seinem alten oder einem neuen Arbeitgeber erfolgt. Die Frührente begründet dann keine Mindestlohnansprüche mehr, und der Arbeitsmarkt für ältere Arbeitnehmer wird flexibel.

Zu niedrigeren Löhnen werden die Arbeitgeber bereit sein, neue Stellen für ältere Mitarbeiter zu schaffen, auf denen die Älteren ihre Erfahrung nutzbringend einsetzen können, ohne dass sie in der Weise »powern« müssen, wie es von den Jüngeren erwartet wird. Es wird einen ganz neuen Arbeitsmarkt für eine zweite Karriere im Alter geben, der für alle Beteiligten Vorteile bringt. Ältere Arbeitnehmer profitieren, weil sie nicht mehr aus den Unternehmen herausgestoßen werden. Sie werden die neuen Stellen attraktiv finden, weil sie zu ihrem niedrigeren Lohn die Frührente hinzubekommen. Wegen der Lohnsenkung wird niemand verdrängt, sondern es werden zusätzliche Stellen geschaffen. Der Job-Kuchen wird größer, und das Sozialprodukt steigt.

Weil ältere Arbeitnehmer mit ihrer Erfahrung geeignet sind, jüngere anzuleiten, wächst bei den Firmen vielleicht sogar der Bedarf an jüngeren Arbeitnehmern. Wenn man es richtig anstellt, sind jüngere und ältere Arbeitnehmer keine Substitute, sondern Komplemente. Der eine verdrängt den anderen nicht, sondern schafft überhaupt erst die Bedingung dafür, dass er gebraucht wird. Es gibt eine Alternative zu dem unwürdigen Abschiebebahnhof für Ältere, den Norbert Blüm geschaffen hat.

\*\*\*

Für gering qualifizierte Arbeitnehmer bietet die so genannte Aktivierende Sozialhilfe, die Bundespräsident Köhler der Politik in seiner Grundsatzrede vom 15. März 2005 empfohlen hat, eine von der Grundidee her ähnliche Lösung.[99] Im Kern geht es dabei um die Umwandlung der Sozialhilfe bzw. des jetzigen Arbeitslosengeldes II in ein Lohnzuschusssystem. Der Sozialstaat stellt demjenigen weniger Geld zur Verfügung, der nicht arbeitet, doch wer für geringen Lohn arbeitet, erhält vom Staat noch Geld hinzu.

Es bleibt dabei, dass der Staat denjenigen hilft, die nicht so leistungsfähig sind, dass sie sich mit ihrer eigenen Hände Arbeit ein auskömmliches Einkommen verdienen können. Er muss nach wie vor die Reichen besteuern, um den Armen zu helfen. Aber das für die Armen verfügbare Geld wird nicht mehr unter der Bedingung des Nichtstuns zur Verfügung gestellt, weil diese Strategie zu Mindestlöhnen führt, die der Konkurrenz der Niedriglöhner in aller Welt nicht standhalten. Vielmehr wird das Geld unter der Bedingung des Mitmachens gegeben.

Dann kann der Lohn auf das Niveau fallen, das mit den internationalen Wettbewerbsbedingungen kompatibel ist, und dennoch braucht das Einkommen nicht zu fallen, weil man nun ja zwei Einkommen hat: den selbst verdienten Lohn und das staatliche Sozialeinkommen. Die Devise ist: Jeder muss arbeiten, und sei es zu einem Hungerlohn, aber wenn das Geld nicht reicht, gibt der Staat etwas hinzu. Zu dem niedrigen Marktlohn tritt ein staatlicher Zuschuss hinzu, der so bemessen ist, dass zusammen mit dem selbst verdienten Geld ein sozial akzeptables Gesamteinkommen herauskommt.

In der Zeit der Globalisierung gibt es für den Sozialstaat nur diesen einen Weg, seine Ziele zu erreichen. Der alte, auf Lohnersatzleistungen aufbauende Sozialstaat hat gegen China keine Chance.

Die Aktivierende Sozialhilfe ist ein vom ifo Institut voll ausgearbeitetes Reformprogramm, das das gesamte Steuer-Transfersystem im Niedriglohnbereich aus einem Guss gestaltet und hinsichtlich seiner fiskalischen Konsequenzen mitsamt aller Mitnahmeeffekte durchgerechnet wurde. Heute bezahlt der Staat Millionen von Menschen, die nicht arbeiten, zu 100%. Bei der Aktivierenden Sozialhilfe wird er wahrscheinlich noch mehr Menschen dauerhaft finanzieren müssen. Aber er muss sie nicht mehr zu 100% finanzieren, weil sie ja nun ein eigenes Einkommen verdienen können. Was billiger kommt, ist ein Rechenexempel.

Das Modell des ifo Instituts ist so austariert, dass es den Staat insgesamt weniger kostet als das alte System und zugleich den Zielerreichungsgrad der Sozialpolitik in dem Sinne erhöht, dass es den ärmsten Mitgliedern der Gesellschaft, die derzeit nur von der Sozialhilfe bzw. vom Arbeitslosengeld II leben, besser gehen wird als heute. Es ist die rationale Antwort unserer Gesellschaft auf die internationale Niedriglohnkonkurrenz und die Kräfte des Faktorpreisausgleichs. Dieses Modell wird Frieden und Wohlstand schaffen und Deutschlands Wirtschaft auch in der Zeit der Globalisierung auf Kurs halten.

# Epilog

Von den Siegern des Ersten Weltkriegs gedemütigt, durch die große Inflation verarmt, von der Weltwirtschaftskrise getroffen, den Verführungen des Faschismus erlegen, mit tiefen Wunden schuldig überlebend und vom Kommunismus gepeinigt, haben die Deutschen das schrecklichste Jahrhundert ihrer Geschichte durchstanden und zu Einheit und Freiheit zurückgefunden. Ermattet und noch betäubt von den unglaublichen Geschehnissen, in die sie verstrickt waren, kurieren sie ihre Wunden und versuchen, neue Zuversicht zu schöpfen. Schwach sind die Überlebenden geworden, aber sie sind reifer und klüger.

Die Welt dreht sich weiter. Dass sie wieder vor großen Herausforderungen stehen und handeln müssen, ahnen die Deutschen. Nach nüchterner Abwägung der Chancen und Risiken werden sie die Globalisierung besser meistern als die Krisen der Vergangenheit. Von der Gischt, die nun kommt, werden sie sich nicht umwerfen lassen, weil sie der Gefahr offensiv begegnen. Sie werden ein neues Boot bauen, auf das Meer hinaussegeln und sich von kräftigen Winden in die Weiten der Welt treiben lassen.

# Anhang 1 (zu Kapitel 12)

*Warum die Globalisierung bei überhöhten Löhnen in einem kapitalreichen Land zu einem Exportboom, Arbeitslosigkeit und Handelsverlusten führt: eine technische Erläuterung für Volkswirte und solche, die es werden wollen*

Zur formalen Begründung des im Text gebrachten Arguments betrachte man ein Zwei-Länder-Heckscher-Ohlin-Modell, das Grundmodell der reinen Außenhandelstheorie: Beide Länder verfügen bereits über das gleiche technologische Wissen, doch das eine Land ist kapitalreich und das andere kapitalarm, wobei der Begriff Kapital im Sinne von Sach- und Humankapital interpretiert werden kann und der Begriff Arbeit dementsprechend als einfache Arbeit zu verstehen ist. Die Faktorbestände beider Länder sind gegeben. Vor der Handelsöffnung war der Arbeitslohn im kapitalreichen Land höher als im kapitalarmen Land, und die Entlohnung des Kapitals war im kapitalarmen Land höher als im kapitalreichen Land. Bei flexiblen Arbeitslöhnen erhöht die Eröffnung des internationalen Handels im kapitalreichen Land den relativen Preis des kapitalintensiven Gutes, erhöht dessen Produktion und senkt die Produktion des arbeitsintensiven Gutes. Im kapitalreichen Hochlohnland wandern Kapital und Arbeit vom arbeitsintensiven in den kapitalintensiven Sektor. Das Verhältnis von Arbeitslohn und Kapitalentlohnung fällt, was beide Sektoren des kapitalreichen Landes veranlasst, weniger kapitalintensiv zu produzieren. Außerdem fällt der reale Arbeitslohn in Einheiten beider Güter. Im kapitalarmen Land ist es umgekehrt: Kapital und Arbeit wandern von den kapitalintensiven in die arbeitsintensiven Sektoren. Das Verhältnis von Arbeits- und Kapitalentlohnung sowie der reale Arbeitslohn (in Einheiten beider Güter) steigen, was beide Sektoren veranlasst, kapitalintensiver zu produzieren. Im Handelsgleichgewicht ist das Güterpreisverhältnis in beiden Ländern gleich, und damit sind auch die realen Faktorpreise in den Ländern gleich. Beide Länder erzielen durch die Öffnung der Grenzen Handelsgewinne, weil sich das Preisverhältnis der Güter im Vergleich zur Autarkielage ändert. Beide Länder können nämlich deshalb einen Teil ihres Warenverbrauchs durch Importe billiger befriedigen, als es durch Eigenproduktion möglich wäre.

Wenn demgegenüber der Arbeitslohn und damit implizit auch die Kapitalentlohnung (feste Faktorpreisgrenze) im kapitalreichen Hochlohnland festgezurrt sind, kommt es unter der Annahme einer inneren Lösung zu einer ganz anderen Entwicklung. Da die Arbeitslöhne wegen des Faktorpreisausgleichs in beiden Ländern angeglichen werden, der Arbeitslohn im kapitalreichen Land aber fixiert ist, muss in diesem Land so viel Arbeit in die Arbeitslosigkeit abgedrängt werden, dass das durchschnittliche Faktoreinsatzverhältnis beider Länder nun flächendeckend den hohen Arbeitslohn des kapitalreichen Landes rechtfertigt. Der relative Preis des kapitalintensiv produzierten Gutes bleibt dann so niedrig, wie er es im kapitalreichen Land vor Öffnung der Grenzen war.

Da der relative Preis des kapitalintensiv produzierten Gutes niedriger ist als bei Freihandel mit flexiblen Arbeitslöhnen, spezialisiert sich das kapitalarme Land noch stärker auf die Produktion des arbeitsintensiven Gutes, als es bei flexiblen Arbeitslöhnen der Fall wäre, und folglich ist sowohl das Handelsvolumen als auch der Handelsgewinn des kapitalarmen Landes größer. Damit der sich so ergebende Tauschwunsch vom kapitalreichen Land befriedigt werden kann, muss dort im Vergleich zur Lösung mit flexiblen Arbeitslöhnen noch mehr von dem kapitalintensiven und noch weniger von dem arbeitsintensiven Gut produziert werden. Es gibt also dort einen Exportboom, der durch die Starrheit der Arbeitslöhne hervorgerufen wurde. Der Exportboom kommt bei konstanten Faktorpreis-, Faktoreinsatz- und Güterpreisverhältnissen durch eine entsprechende Anpassung der Arbeitslosigkeit zustande, denn nach dem Rybczynski-Theorem lässt sich durch die Verringerung des Beschäftigungsstands eine hinreichende Schrumpfung des arbeitsintensiven, mit den Importen konkurrierenden Sektors und ein hinreichendes Wachstum des kapitalintensiven, exportierenden Sektors erreichen. Im Vergleich zur Lohnflexibilität bei Freihandel bringt diese Lösung also Arbeitslosigkeit und mehr Exporte des kapitalreichen Landes sowie größere Handelsgewinne für das kapitalarme Land hervor. Die Wohlfahrt des kapitalreichen Landes ist freilich kleiner als ohne den Handel, weil sich das Güterpreisverhältnis nicht ändert, die Transformationskurve aber wegen der Arbeitslosigkeit nach innen rutscht. Der Exportboom des kapitalreichen Landes und seine Arbeitslosigkeit sind gemeinsame Kennzeichen des Wohlfahrtsverlusts, den dieses Land bei der Eröffnung des internationalen Handels erleidet, wenn es seinen hohen Arbeitslohn gegen die Kräfte des Faktorpreisausgleichs verteidigt.

An dieser Interpretation ändert sich aus theoretischer Sicht nichts Wesentliches, wenn die Sektoren, die das

Heckscher-Ohlin-Modell unterscheidet, in Form zweier vertikal verketteter Produktionsstufen angeordnet sind, die ihre Wertschöpfung jeweils mit Hilfe von Arbeit und Kapital erbringen. Allerdings ergeben sich dann wichtige empirische Implikationen zum Thema Exportweltmeisterschaft und Basar-Effekt.

Es sei angenommen, dass die kundenfernere (*upstream*) Produktionsstufe industrielle Vorleistungen produziert, die auch importiert werden können. Da sie selbst ohne Vorleistungen arbeitet, benötigt sie kein Vorratskapital und arbeitet weniger kapitalintensiv als die kundennähere (*downstream*) Stufe, der Basar, der die industriellen Endprodukte herstellt und die Vorleistungen der Vorstufe auf Lager halten muss. (Alternativ kann man annehmen, dass die kundenfernere Produktionsstufe mit weniger Humankapital arbeitet.) Man kann das Heckscher-Ohlin-Modell ohne weitere Veränderungen für die Beschreibung einer solchen Ökonomie verwenden, wenn man an die Stelle der Güter die Wertschöpfungsbeträge der Stufen setzt. Der Umstand, dass die Wertschöpfungsbeträge dann Kuppelprodukte sind, entspricht im Heckscher-Ohlin-Modell einer besonderen Präferenzstruktur mit Leontief-Präferenzen, die durch feste Kombinationen der nachgefragten Güter gekennzeichnet sind. Eine solche Präferenzstruktur ist mit dem Modell vollauf kompatibel. Ex- und Importe des Heckscher-Ohlin-Modells müssen in diesem Fall freilich als Wertschöpfungsbeträge und nicht als Güterströme interpretiert werden. Da die Basar-Stufe kapitalintensiver arbeitet als die Vorleistungsstufe, spezialisiert sich das kapitalreichere Land auf diese Stufe, setzt dort mehr Produktionsfaktoren ein und erzeugt dort auch mehr Wertschöpfung. Wegen des Huckepack-Effekts, der im Kapitel 8 erläutert wurde, wächst das Exportvolumen noch schneller als die exportinduzierte Wertschöpfung (in Deutschland um 1,3%, wenn die exportinduzierte Wertschöpfung um 1% zunimmt). Die Lohnstarrheit führt zu einem pathologischen Anstieg der Wertschöpfung im Basar und einem ebenfalls pathologischen, freilich noch stärkeren Anstieg des Exportvolumens.

# Anhang 2 (zu Kapitel 12)

*Wie Samuelson es sieht*

Die Skepsis bezüglich der Frage, ob ein Industrieland wie Deutschland heute zu den Globalisierungsgewinnern gehört, wird auch von Paul Samuelson, Nobelpreisträger und Begründer der modernen Volkswirtschaftslehre, geteilt, aber doch mit ganz anderen Argumenten.[100] In einem viel beachteten Artikel im *Journal of Economic Perspectives* hat er im Jahr 2004 darauf hingewiesen, dass die Länder der Dritten Welt durch technischen Fortschritt bei der Produktion von Industriegütern in die Lage versetzt werden könnten, den Industrieländern des Westens bei den von ihnen exportierten Industriegütern mehr Konkurrenz zu machen, so dass die Preise der Industriegüter sich relativ zu den Preisen anderer Güter, vornehmlich Agrarprodukte und Rohstoffe, verringern. Bisher habe der Handel zwischen den Industrieländern und den Ländern der Dritten Welt die Preise der Industriegüter in Relation zu den Preisen von Agrarprodukten und Rohstoffen in der westlichen Welt erhöht und in der Dritten Welt gesenkt. Dies habe beiden Regionen Spezialisierungsgewinne gebracht. Doch nun gehe die Reise in dem Sinne rückwärts, dass die Länder der Dritten Welt, bedingt durch einen einseitig auf Industriegüter konzentrierten technischen Fortschritt, in die Lage versetzt werden, ebenfalls mehr Industriegüter zu produzieren. Das drücke die Preise der Industriegüter und vernichte die Handelsgewinne des Westens, während die Länder der Dritten Welt natürlich vom Produktivitätsfortschritt profitierten.[101]

Der Kern des Arguments ist, dass die bislang unterentwickelten Länder den Industrieländern ähnlicher werden und dass insofern die Vorteile aus dem Handel dahinschmelzen. Handel schafft Handelsgewinne, wenn die Länder sich stark unterscheiden, konkret: wenn sie bei Autarkie, also ohne Handel, sehr unterschiedliche Güterpreisrelationen hätten. Wenn die Länder der Dritten Welt ihre Produktivität nicht in allen Sektoren gleichmäßig steigern, sondern speziell bei den von ihnen bislang importierten Industriegütern, dann werden die Autarkiepreisrelationen einander ähnlicher, und die Vorteile aus dem Handel schwinden.

Samuelsons Argument ähnelt dem von mir hier vorgebrachten insofern, als es ebenfalls auf der Erkenntnis aufbaut, dass die Handelsgewinne umso kleiner sind, je weniger der Handel in der Lage ist, die Güterpreisrelationen eines Landes von seinen Autarkiepreisrelationen fortzubewegen. Dennoch ist es im Kern ganz anders. Einerseits gibt es bei Samuelson keine Lohnstarrheit und keine Arbeitslosigkeit, was angesichts seiner amerikanischen Sicht ja verständlich ist. Andererseits impliziert sein Argument statt einer Erhöhung eine Verminderung des internationalen Handels: Weil die Länder der Dritten Welt dem Westen wegen des asymmetrisch wirkenden technischen Fortschritts ähnlicher werden, fällt der Handel in sich zusammen, und bei geringerem Handel gibt es geringere Handelsgewinne.

Dieser von Samuelson nicht betonte Aspekt des Arguments ist befremdlich, denn er passt ja nun überhaupt nicht zu dem sich stürmisch entwickelnden Handelsvolumen der Welt. Praktisch überall nimmt der Handel in Relation zum Sozialprodukt zu und nicht ab. Unter Samuelsons Annahme flexibler Preise und Löhne kann man die dramatische Ausweitung des Welthandels nur so interpretieren, dass sich die Preisrelationen aller beteiligten Länder immer weiter von den Autarkiepreisrelationen entfernen, so dass die beteiligten Ländern im Gegensatz zu Samuelsons Behauptung zusätzliche Handelsgewinne verbuchen können.

Bei Samuelson werden die Preisrelationen bei bereits bestehendem Handel durch asymmetrischen technischen Fortschritt in der Dritten Welt wieder in Richtung des Autarkiepreisniveaus zurückgedrückt, und deshalb schrumpfen die Exporte der entwickelten Länder. Bei dem hier stattdessen unterbreiteten Argument können sich die Preisrelationen trotz einer weiteren Handelsöffnung kaum weiter von den Autarkiepreisrelationen entfernen als bislang schon, weil die Löhne starr sind. Deshalb schrumpfen die arbeitsintensiven Sektoren zu schnell, und die kapitalintensiven Sektoren wachsen zu rasch, ohne dass sie in der Lage wären, alle freigesetzten Arbeiter zu absorbieren. Das rasche Wachstum der kapitalintensiven Sektoren geht mit einer übermäßig raschen Zunahme des Exports von Industriegütern und wachsender Arbeitslosigkeit einher. Das Industrieland reagiert übermäßig preiselastisch auf die wegen der Handelsöffnung zunehmende Nachfrage nach seinen Produkten und bremst so den Preisanstieg der exportierten Industriegüter. Da die Preisrelationen sich nicht oder nur wenig ändern, doch ein wachsender Teil des Arbeitskräftepotenzials ungenutzt bleibt, fällt die nationale Wohlfahrt. Der Exportboom ist pathologischer Natur.

Prima facie passt nur diese Erklärung zu Deutschlands

Problemen. Deutschland zieht sich nicht aus dem internationalen Handel zurück, wie es der Fall sein müsste, wenn das Samuelson-Argument auf unser Land anwendbar wäre, sondern es ist Vizeweltmeister beim Export. Außerdem leidet es unter einer immer weiter steigenden Arbeitslosigkeit. Ja, es ist, wie gezeigt, OECD-Weltmeister bei der Arbeitslosigkeit der gering Qualifizierten, weil es eine durch das Sozialsystem von unten her dicht zusammengestauchte, starre Lohnstruktur hat. Und es ist Schlusslicht beim Wachstum. Das alles passt haargenau zusammen.

Allenfalls kann man die leichte Verschlechterung der *Terms of Trade*, die seit Mitte der neunziger Jahre für Deutschland zu beobachten ist (Abbildung 10.1), zugunsten der Interpretation Samuelsons anführen. Diese Verschlechterung ist jedoch auch mit dem Heckscher-Ohlin-Modell bei unflexiblen Löhnen kompatibel, wenn der Lohnsatz trotz der internationalen Niedriglohnkonkurrenz weiter steigt, was ja in Deutschland der Fall ist. Der Lohnanstieg verstärkt nämlich den pathologischen Exportboom und verschlechtert so die relativen Exportpreise.

Nimmt man die Handelsausweitung, die *Terms-of-Trade*-Entwicklung und die steigende Arbeitslosigkeit zusammen, kommt das Samuelson-Argument kaum zur Erklärung der deutschen Probleme in Frage.

# Anhang 3 (zu Kapitel 13)

*Realer Außenbeitrag und Kapitalexport: ein Eigentor*

Nachdem ich schon in den höheren Auflagen meines Buches »*Ist Deutschland noch zu retten?*« als Replik auf Gustav Horn und andere klargelegt hatte, dass der Leistungsbilanzüberschuss den Kapitalexport misst, hat Gustav Horn in einem gemeinsam mit Stefanie Behncke verfassten Artikel geantwortet, dass man statt des Leistungsbilanzüberschusses den realen, also preisbereinigten Außenbeitrag betrachten müsse, um Aufschluss über die Wettbewerbsfähigkeit eines Landes zu erhalten. Zwar sei der Leistungsbilanzüberschuss dem Kapitalexport gleich, doch sei der Außenbeitrag etwas anderes als der Leistungsbilanzüberschuss. Er messe die Vorteile eines Landes aus der Globalisierung. Insbesondere der reale, preisbereinigte Außenbeitrag sei relevant, denn im Gegensatz zum nominalen Außenbeitrag sei er nicht durch bloße Umbewertungseffekte aufgrund von Änderungen des Wechselkurses verzerrt. Er sei das richtige Maß zur Ermittlung der Wettbewerbsfähigkeit eines Landes. So schreiben die Autoren:

> *»Eine bloße Aufwertung der Währung führt bei unverändertem Export- und Importvolumen zu einem steigenden*

*nominalen Außenbeitrag, da der Wert der Exporte zunimmt und der Wert der Importe fällt. Der reale Außenbeitrag aber verändert sich erst dann, wenn eine solche Aufwertung Mengeneffekte nach sich zieht, die allein für die Beschäftigungsausweitung relevant sind.«* [102]

In einem Artikel im *Handelsblatt* fügt einer der Autoren hinzu:

*»Ob eine Volkswirtschaft durch Außenhandel an Wertschöpfung gewinnt oder verliert, lässt sich nur an dem gesamtwirtschaftlichen Außenbeitrag ablesen.«* [103]

Des Weiteren legen sich die Autoren eine zur Widerlegung geeignete Definition des Basar-Effekts zurecht, indem sie schreiben:

*»Eine Tendenz zu einer Basarökonomie müsste sich in einem fallenden Trend des (realen) Außenbeitrags zeigen.«* [104]

Nach dem Aufbau dieses gedanklichen Buhmanns zeigen Horn und Behncke, dass sich der reale Außenbeitrag von den neunziger Jahren bis in die Gegenwart hinein erhöht hat. Daraus schließen sie, dass sich die Wettbewerbsfähigkeit Deutschlands verbessert habe, dass Deutschland durch die Globalisierung gewinne und dass keine Tendenz zur Basar-Ökonomie bestehe. Die *Financial Times Deutschland* kommentiert dies mit den Worten:

*»Bereits in der Vergangenheit hatten Kritiker Sinns auf die enormen deutschen Leistungsbilanzüberschüsse verwiesen. Sinn hatte erwidert, der Leistungsbilanzsaldo bilde einzig Kapitalabflüsse aus Deutschland ab und sei deshalb kein Indiz für Wettbewerbsfähigkeit.*[105] *Anders als in früheren*

*Studien benutzen die DIW-Ökonomen deshalb nun für die Berechnung des Außenhandelsaldos preisbereinigte Daten der Ein- und Ausfuhren. Weil damit die Preise der Exporte und Importe um Veränderungen bereinigt seien, die von Kapitalströmen verursacht würden, entgehe man Sinns Argument gegen die Betrachtung der Leistungsbilanz.«* [106]

Diese Argumentation klingt zunächst überzeugend. Statt des Leistungsbilanzüberschusses wird der Außenbeitrag betrachtet, und dieser Außenbeitrag wird zudem real berechnet, um den Einfluss von Kapitalbewegungen herauszurechnen. Da der reale Außenbeitrag positiv ist und wächst, wird Deutschland in der Tat immer wettbewerbsfähiger und erzielt immer größere Vorteile aus der Globalisierung!

Dennoch ist die Argumentation nicht haltbar. Erstens ist der Unterschied zwischen Außenbeitrag und Leistungsbilanzüberschuss im vorliegenden Zusammenhang unerheblich. Er besteht, wie in Kapitel 13 dargelegt wurde, aus den Transfers des Inlands an das Ausland. Der Außenbeitrag misst, wie viel Kapital von Deutschland durch Geschenke, Vermögenserwerb, Kredite und Ähnliches an das Ausland transferiert wird.

Zweitens stellt die Suggestion der Autoren, wonach die Berücksichtigung des realen Außenbeitrags die Gefahr eliminiere, statt der Wettbewerbsfähigkeit die Kapitalflucht aus Deutschland heraus zu messen, die Wahrheit auf den Kopf.

Um einzusehen, warum das so ist, muss man sich vor Augen führen, dass der Außenbeitrag wegen des auch von den Autoren angesprochenen Umbewertungseffekts kurzfristig stets anomal auf Wechselkursänderungen reagiert. So führt mehr Nachfrage nach Euros auf den Devisenmärkten zu einer Aufwertung des Euro. Eine solche Aufwertung verringert zwar langfristig den Außenbeitrag, weil den deutschen Firmen das Auslandsgeschäft schwerer fällt. Aber kurzfristig, bei zunächst noch gegebenen Lieferkontrakten der Im- und Exporteure, ist es umgekehrt. Die Aufwertung des Euro macht die Importe, die großenteils in Dollar fakturiert sind, nach einer Umrechnung in Eurowerte billiger, ohne dass sich am Eurowert der Exporte etwas ändert. Es entsteht ein positiver Außenbeitrag und ein Überschuss in der Leistungsbilanz, der definitionsgemäß ein Kapitalexport ist.

Die Nachfrage nach Euros kann viele Gründe haben. Dazu gehören spekulative Erwartungen der Devisenhändler, die Zinspolitiken der Zentralbanken, der *Run* Osteuropas auf das für Transaktionszwecke begehrte Euro-Bargeld und vor allem auch der kurzfristige Kapitalverkehr. Letzterer ist eine besonders wichtige Möglichkeit, die von der monetären Außenwirtschaftslehre stets betont wird. Danach könnte der Euro so stark sein, weil die internationalen Kapitalanleger ihr Vermögen in Europa, ja auch in Deutschland anlegen wollen. Der Wunsch, Kapital nach Deutschland zu exportieren, triebe den Eurokurs in die Höhe, erzeugte kurzfristig einen positiven Außenbeitrag und erzwänge deshalb einen Kapitalexport aus Deutschland heraus, also genau in die dem Wunsch entgegengesetzte Richtung. Dieser scheinbar paradoxe Zusammenhang ist in der monetären Außenhandelstheorie als J-Kurven-Effekt bekannt und nimmt eine zentrale Rolle bei den theoretischen Erklärungen für das Überschießen der Wechselkurse und die hohe Volatilität von flexiblen Wechselkurssystemen ein.[107]

Wenn man zeigen will, dass Deutschland ein attraktiver Investitionsstandort ist, dann könnte man diesen J-Kurven-Effekt bemühen. Man könnte argumentieren, zwar exportiere Deutschland derzeit Kapital, aber dieser Kapitalexport lasse nicht auf einen autonomen Exportwunsch schließen, sondern sei ganz im Gegenteil das Ergebnis eines Kapitalimportwunsches, der sich nur kurzfristig wegen der zunächst anomalen Reaktion des Außenbeitrags in einem erzwungenen Kapitalexport niederschlage.

Darauf könnte ich freilich erwidern, dass diese Vermutung nicht stimme, weil auch der preisbereinigte Wert des Außenbeitrags positiv sei, was eine stabile Tendenz zum Kapitalexport impliziere, die jenseits kurzfristiger Umbewertungseffekte liege. Dazu hätte ich genau die Preisbereinigung vornehmen müssen, die Horn und Behncke berechnet haben. Diese Mühe haben mir die Autoren erspart. Ihre Ergebnisse zeigen zweifelsfrei, dass der positive Außenbeitrag bzw. der Überschuss der Leistungsbilanz nicht nur ein Phänomen ist, das durch die kurzfristig anomale Reaktion der Leistungsbilanz hervorgerufen wurde, sondern tatsächlich eine stabile längerfristige Basis hat. Besser als durch dieses Eigentor hätte man kaum nachweisen können, dass Deutschland wegen der hierzulande schwindenden Investitionschancen dazu übergegangen ist, sein Sparkapital im Ausland anzulegen.

# Anmerkungen

1 H.-W. Sinn, »Der kranke Mann Europas: Diagnose und Therapie eines Kathedersozialisten«, Deutschland-Rede, Stiftung Schloss Neuhardenberg, Live-Übertragung im Deutschland Radio am 15. November 2003, 17.00–19.00 Uhr; wiederabgedruckt in H.-W. Sinn, *Mut zu Reformen. 50 Denkanstöße für die Wirtschaftspolitik*, Beck (dtv), München 2004, S. 1–19; Manuskript und Video-Mitschnitt auch auf www.ifo.de. Vgl. auch H.-W. Sinn, *Ist Deutschland noch zu retten?*, ab 3. Auflage, Econ Verlag, München 2003, Kap. 2, und H.-W. Sinn, »4,5 Millionen Verlierer«, *Die Zeit*, 22. Dezember 2003, S. 28. Die umfangreiche Literatur zu diesem Thema, die daraufhin entstanden ist, wird im Laufe dieses Buches zitiert.

2 Vgl. z.B. M. Kannegiesser, »Zukunft der M+E-Industrie: Die Rolle der Netzwerke zur Sicherung der Wettbewerbsfähigkeit«, Pressestatement zur Vorstellung einer Studie des Instituts der deutschen Wirtschaft Köln, Frankfurt am Main, Presseclub, 14. Oktober 2004. Kannegiesser bestätigt das empirische Phänomen der Entwicklung zur Basar-Ökonomie für die Metall- und Elektroindustrie, wendet sich aber gegen den negativen Unterton, der diesem Begriff innewohnt.

3 H.-W. Sinn, »Basar-Ökonomie Deutschland. Exportweltmeister oder Schlusslicht?,« *ifo Schnelldienst* 58, Nr. 6, Sonderheft, März 2005.

[4] Vgl. H.-W. Sinn, *Ist Deutschland noch zu retten?*, Ullstein Taschenbuch, Berlin 2005, Kapitel 2.

[5] Sachverständigenrat zur Begutachtung der gesamtwirtschaftlichen Entwicklung, »Erfolge im Ausland – Herausforderungen im Inland«, Jahresgutachten 2004/2005, Wiesbaden 2004.

[6] E. von Böhm-Bawerk, »Macht oder ökonomisches Gesetz«, Sonderabdruck aus der *Zeitschrift für Volkswirtschaft, Sozialpolitik und Verwaltung* 23, Mainz, Wien 1914, S. 266.

[7] Vgl. »Die Thesen der Forscher«, *Die Welt*, 30. Juni 2005, S. 3, und http://www.cesifo-group.de/pls/portal/url/ page/IFOHOME/B-POLITIK.

[8] Vgl. Ch. Schröder, »Industrielle Arbeitskosten im internationalen Vergleich«, Vorabdruck aus *iw-trends* 32, Nr. 3, Institut der deutschen Wirtschaft, Köln 2005.

[9] Vgl. D. Marin, »A Nation of Poets and Thinkers: Less so with Eastern Enlargement? Austria and Germany«, *Munich Economics Discussion Paper* 2004–6. Marin berechnet firmenspezifische Lohnstückkosten und findet, dass auch sie im Vergleich zwischen Deutschland und Osteuropa ähnlich sind. Lohnstückkostenvorteile identifiziert sie noch für Standorte in Rumänien und Bulgarien sowie für die Staaten der ehemaligen Sowjetunion.

[10] Man vergleiche dazu auch M. Hellwig und M. Neumann, »Economic Policy in Germany: Was there a Turnaround?«, *Economic Policy* 5, 1987, S. 105–145, bes. S. 123–125. Die Autoren zeigen, dass ein erheblicher Teil der Produktivitätssteigerung der deutschen Wirtschaft in den siebziger und achtziger Jahren auf eine Erhöhung der Kapitalintensität der Produktion zurückzuführen war, die selbst wiederum das Ergebnis überhöhter Lohnsteigerungen war.

[11] Vgl. H.-W. Sinn, *Ist Deutschland noch zu retten?*, a.a.O., Kap. 2. Die Zahl deckt sich mit einer älteren OECD-Schätzung in Höhe von 1% pro Jahr für den Messfehler, die Hellwig und Neumann, a.a.O., S. 125 zitieren.

[12] Seit 1970 hat es kein lokales Maximum des Wachstums der Weltkonjunktur mit einer ähnlichen oder gar stärker negativen Wachstumsrate der Anlageinvestitionen gegeben. Allerdings gab es zwei Maxima (1973 und 1984) mit einem Investitionswachstum von praktisch null.

[13] Die Investitionen entkoppelten sich freilich, was die Konjunkturschwankungen betrifft, nicht vom deutschen Bruttoinlandsprodukt selbst. Das geht ja schon deshalb nicht, weil sie Teil desselben sind und über den Konsummultiplikator nachfrageseitig recht fest mit ihm verbunden sind.

[14] Darin ist Ausrüstungskapital (inklusive sonstiger Anlagen) in Höhe von 1,0 Billionen Euro und Immobilienkapital (ohne Grundstücke) in Höhe von 5,5 Billionen Euro enthalten. Vgl. Statistisches Bundesamt, Fachserie 18, Reihe 1.3 Hauptbericht 2003, Tabelle 3.2.16.

[15] Vgl. H. Bandholz, G. Flaig und J. Mayr, »Wachstum und Konjunktur in OECD-Ländern«, *ifo Schnelldienst* 58, Nr. 4, 2005, S. 28–36, und C. Kamps, C.-P. Meier und F. Oskamp, »Wachstum des Produktionspotentials in Deutschland bleibt schwach«, *Kieler Diskussionsbeiträge* 414, 2004.

[16] Die in den Diagrammen erfassten Investitionen beinhalten sowohl private als auch staatliche Investitionen in Ausrüstungen, Fabrikgebäude, Wohnbauten und sonstige Anlagen. Der negative Trend umfasst alle diese Komponenten. Zwar fielen die staatlichen Bruttoinvestitionen seit 1991 etwas stärker als die privaten Bruttoinvestitionen, doch kann das den Trend schon deshalb nicht erklären, weil diese Investitionen nur etwa ein Zehntel aller Anlageinvestitionen ausmachen. Der Anteil der staatlichen Bruttoanlageinvestitionen lag im Jahr 2004 bei nur 8,1% aller Bruttoanlageinvestitionen; 1991 hatte dieser Wert bei 11,5% gelegen. (Vgl. Statistisches Bundesamt, Fachserie 18, Reihe 3, 4. Vierteljahr 2004, Tab. 3.8 und Tab. 3.10.) Der negative Trend der Investitionsquote erklärt sich vor allem dadurch, dass die Bauinvestitionen und insbesondere

auch die privaten Ausrüstungsinvestitionen zurückgingen. Die Ausrüstungsinvestitionen sind jene Komponente der privaten Investitionen, die seit 1991 nicht nur in Relation zu den Produktionsaggregaten, sondern sogar nominal fiel. (Vgl. Statistisches Bundesamt, Fachserie 18, Reihe 1.1, Februar 2005, Tab. 3.8 und Tab. 3.10. ) Es fehlt in Deutschland insbesondere an Investitionen in neue Maschinen und Fabrikationsanlagen, die neue Arbeitsplätze mit sich bringen.

[17] Das in der Abbildung dargestellte Jahr 2003 ist das aktuellste Jahr, für das bei der Drucklegung dieses Buches (Sommer 2005) internationale Vergleichszahlen in ausreichender Anzahl vorlagen.

[18] Vgl. A. J. Toynbee, *A Study of History*, Oxford University Press, London, Oxford u.a. 1961–1979. Auf diese Analogie hat zuerst H. Hesse, »Globalisierung: Chance oder Niedergang«, Kieler Vorträge NF. 129, Institut für Weltwirtschaft 2004, hingewiesen.

[19] EU-Kommission, »Europas Zukunft – Binnenmarkt 1992«, *Europäische Wirtschaft*, Nr. 35, 1988; P. Cecchini, *The European Challenge 1992*, Wildwood House, Aldershot 1988.

[20] Vgl. Kapitel 9.

[21] Die Zahlen beziehen sich auf den mit den Bevölkerungsanteilen gewogenen Mittelwert der Lohnkosten der osteuropäischen Beitrittsländer außer Slowenien.

[22] Im Jahr 1985 (Beitritt 1986) lag der Stundenlohn von Industriearbeitern in Portugal bei 21% des westdeutschen Niveaus und in Spanien bei 60%, was einem gewogenen Mittel von 48% entspricht. ILO, Datenbank Laborsta und Deutsche Bundesbank, Zeitreihendatenbank.

[23] Hiervon sind allein 1,29 Milliarden Chinesen.

[24] Das Gesetz des Faktorpreisausgleichs geht auf Eli F. Heckscher und Bertil Ohlin zurück, die schon 1919 bzw. 1933 dargelegt haben, wieso bereits der Güterhandel selbst die Löhne und Kapitalerträge der beteiligten Länder einander

annähert. Vgl. E. F. Heckscher, »The Effect of Foreign Trade on the Distribution of Income«, *Economisk Tidskrift* 21, 1919; B. Ohlin, *Interregional and International Trade*, Harvard University Press, Cambridge, Mass., 1933. Unter dem Heckscher-Ohlin-Theorem wird meist der von Paul A. Samuelson (»International Factor Price Equalization Once Again«, *Economic Journal* 59, 1949, S. 181 ff.) formalisierte Ansatz verstanden. Zu einer politischen Diskussion des Faktorpreisausgleichs im Zusammenhang mit der Globalisierung vgl. man H.-W. Sinn, »Das Dilemma der Globalisierung«, Walter Adolf Jöhr-Vorlesung 2004, Forschungsgemeinschaft für Nationalökonomie (Hrsg.), Universität St. Gallen 2004.

[25] Vgl. T. Seidel, »Welfare Effects of Capital Mobility with Rigid Wages«, erscheint in: *Applied Economics Quarterly*.

[26] Siehe J. Eaton und S. Kortum, »Trade in Ideas. Patenting and Productivity in the OECD«, *Journal of International Economics* 40, 1996, S. 251–278.

[27] Vgl. auch United Nations Conference on Trade and Development, »World Investment Report 2004: The Shift Towards Services«, http://www.unctad.org/Templates/WebFlyer.asp?intItemID=3235&lang=1.

[28] Von Sigma-Konvergenz spricht man, weil Sigma das griechische Symbol für die Standardabweichung, ein in der Statistik gebräuchliches Streuungsmaß, ist.

[29] H.-W. Sinn und W. Ochel, »Social Union, Convergence and Migration«, *Journal of Common Market Studies* 41, 2003, S. 869–896; hier S. 871. Vgl. auch P. Egger und M. Pfaffermayr, »Spatial $\beta$ and $\sigma$ Convergence: Theoretical Foundation, Econometric Estimation and an Application to the Growth of European Regions«, mimeo, erscheint als *CESifo Working Paper*, 2005. Vgl. EU-Kommission, »Economic Forecasts«, Herbst 2004, http://europa.eu.int/comm/economy_finance/publications/european_economy/2004/ee504en.pdf. Als Ge-

wichte wurden BIP-Werte und Wechselkurse aus dem statistischen Anhang verwendet.

30 R. Barro und X. Sala-i-Martin, *Economic Growth*, 2. Aufl., MIT Press, Cambridge, Mass., 2004.

31 I. Geishecker und H. Görg, »Winners and Losers: Fragmentation, Trade and Wages Revisited«, Discussion Paper 385, Deutsches Institut für Wirtschaftsforschung, Berlin 2004.

32 Vgl. »Verfassungsrichter: Die Deutschen sind gleichheitskrank«, *Frankfurter Allgemeine Zeitung*, 14. März 2005, S. 1 f.

33 Sozialbudget, Tabelle I-4, Leistungen nach Institutionen, http://www.bmgs.bund.de/download/broschueren/A230-2003.pdf.

34 Vgl. H.-W. Sinn, *Ist Deutschland noch zu retten?*, a.a.O., Kap. 4.

35 Vgl. Sachverständigenrat zur Begutachtung der gesamtwirtschaftlichen Entwicklung, a.a.O., Tabelle 34.

36 a.a.O

37 Deutschlands Situation wird in dem Vergleich insofern zu günstig dargestellt, als die Altersteilzeit (auch in der Freistellungsphase) als Erwerbstätigkeit zählt. Nach überschlägiger Rechnung müsste man von dem deutschen Wert 0,8 Prozentpunkte abziehen, wenn man diesen Fehler korrigieren wollte.

38 Vgl. B. Fitzenberger, *Wages and Employment across Skill Groups. An Analysis for West Germany*, ZEW Economic Studies, Band 6, Physica, Heidelberg 1999; H.-W. Sinn, *Ist Deutschland noch zu retten?*, a.a.O., Kap. 4, Abschnitte: »Gering Qualifizierte im Abseits: der Ziehharmonika-Effekt« und »Die deutsche Krankheit: Warum den Deutschen die Arbeit ausgeht«.

39 Regelsätze für die Hilfe zum Lebensunterhalt vgl. Bundesministerium für Gesundheit und soziale Sicherung, http://www.bmgs.bund.de/downloads/regelsaetze.pdf. Kosten für Wohnung und Heizung vgl. W. Breuer und D. Engels, Grundinformationen und Daten zur Sozialhilfe, Informationsschrift des Otto-Blume-Instituts für Sozialforschung und Gesellschaftspolitik, Köln 1999. Die Kosten wurden anhand

der Preisentwicklung von Mitte 1999 auf Anfang 2005 fortge-
schrieben. Bedarfsgemeinschaften nach Bundesländern vgl.
Statistisches Bundesamt, Fachserie 13, Reihe 2.1, Sozialhilfe –
Hilfe zum Lebensunterhalt 2003, Tabelle A3; sämtliche
Bedarfsgemeinschaften von Berlin wurden zu Westdeutsch-
land gerechnet, weil in Berlin der westdeutsche Regelsatz gilt.

[40] Vgl. Statistisches Bundesamt, Fachserie 18, Reihe 1.2, 1.
Vierteljahr 2005 und Vorausschätzung des ifo Instituts,
vgl. G. Flaig, W. Nierhaus und O.-E. Kuntze, »ifo
Konjunkturprognose 2005/2006: Nur zögerliche Erholung«,
*ifo Schnelldienst* 58, Nr. 12, 2005, S. 29–63, hier S. 62.

[41] Bei einem Bruttolohn von 2855,10 Euro (= 155 · 18,42 Euro)
betragen die Abzüge in Lohnsteuerklasse III mit 2,0 Kinder-
freibeträgen und einem individuellen Beitragssatz zur Gesetzlichen Krankenversicherung von 14,2 % (das entspricht dem
durchschnittlichen KV-Beitragssatz Anfang 2005): Lohnsteu-
er 228,33 Euro, Kirchensteuer (Bayern) 1,74 Euro, Sozialversi-
cherungsbeiträge 598,14 Euro (vgl. Steuerberechnungspro-
gramm des Bundesministeriums der Finanzen, http://egov.
bundesfinanzministerium.de/Steuerrechner/start.jsp). Somit
beträgt das verfügbare Haushaltseinkommen einschließlich
Kindergeld (308 Euro) 2334,89 Euro. Das sind 774,89 Euro
oder 5,00 Euro pro Arbeitsstunde mehr als der Grundbedarf
für die Hilfe zum Lebensunterhalt. Lohnkosten des Arbeitge-
bers: Die Summe aus dem Bruttolohn von 2855,10 Euro und
den Arbeitgeberbeiträgen zur Sozialversicherung in Höhe von
598,14 Euro sind 3453,24 Euro, also 22,28 Euro pro Stunde.

[42] Vgl. Statistisches Bundesamt, Fachserie K, Reihe 1, 1970;
Fachserie 13, Reihe 2.1, 2000; Fachserie 18, Reihe S21. Die
Zahl der Empfänger laufender Hilfe zum Lebensunterhalt
außerhalb von Einrichtungen wurde bei dieser Rechnung
durch den Mittelwert der jeweiligen Jahresanfangs- und -end-
werte approximiert.

[43] Manchmal wird der Begriff *Outsourcing* allein auf die Verlage-

rung von Dienstleistungen bezogen. Diese Verengung der Interpretation wird hier aber nicht übernommen, zumal in Deutschland die Verlagerung von industrieller Produktion bislang eindeutig im Vordergrund steht. Zur Bedeutung des *Outsourcing* von Dienstleistungen vergleiche man United Nations Conference on Trade and Development, a.a.O.

44 Die genauen Zahlen sind nicht bekannt. Man kann sie sich nur aus verschiedenen Quellen zusammenreimen. Danach liegt die Wertschöpfung in Leipzig bei 12% des Wagenwerts, und 43% dieses Wertes bestehen aus deutschen Zulieferungen nach Leipzig und Bratislava. Wie sich diese 43% wiederum auf deutsche Wertschöpfung und ausländische Zulieferungen aufteilen, ist nicht bekannt. Unterstellt man, dass von den 43% per saldo 61% auf deutsche Wertschöpfung und 39% auf ausländische Wertschöpfung entfallen, wie es im Durchschnitt der deutschen Exportwaren der Fall ist, errechnet sich letztendlich beim Cayenne ein deutscher Wertschöpfungsanteil von $12\% + (61\% \cdot 43\%) = 38\%$.

45 Vgl. Sachverständigenrat zur Begutachtung der gesamtwirtschaftlichen Entwicklung, a.a.O., Textnr. 454.

46 Die Angaben zum Wertschöpfungsanteil beziehen sich grundsätzlich auf die so genannte Bruttowertschöpfung einschließlich Abschreibungen. Die Bruttowertschöpfung ist die Differenz aus dem Produktionswert (zu Herstellungspreisen) und den Vorleistungen (zu Käuferpreisen). Der Produktionswert stellt den Wert des Verkaufserlöses von Waren und Dienstleistungen aus eigener Produktion sowie von Handelsware nach Abzug der in Rechnung gestellten Umsatzsteuer dar, vermehrt um den Wert der Bestandsveränderung an Halb- und Fertigwaren und um den Wert selbst erstellter Anlagen. Die Bruttowertschöpfung entspricht der Summe aus den Arbeitnehmerentgelten (Bruttolöhne und -gehälter zuzüglich Sozialabgaben der Arbeitgeber), dem Betriebsüberschuss bzw. Selbständigeneinkommen (einschließlich Fremdkapitalzinsen,

Pacht, Mieten etc.), den staatlichen Produktionsabgaben (z.B. Gewerbesteuer, Grundsteuer, Kfz-Steuer der Unternehmen), abzüglich der Subventionen sowie zuzüglich der Abschreibungen (also den zum Erhalt des Kapitalstocks nötigen Reinvestitionen).

[47] Ähnliche Effekte zeigen sich auch für andere Länder. Dazu vergleiche man R. C. Feenstra, »Integration of Trade and Disintegration of Production in the Global Economy«, *Journal of Economic Perspectives* 12, 1996, S. 31–50, sowie F. Ng und A. Yeats, »Production Sharing in East Asia: Who Does What for Whom and Why?«, in: L. Cheng und H. Kierzkowski (Hrsg.), *Globalization of Trade and Production in South-East Asia*, Kluwer Academic Press, New York 2002. Aber, wie noch gezeigt wird, ist der Effekt in Deutschland besonders stark.

[48] Institut der deutschen Wirtschaft, *IW-Trends*, Dokumentation 4, 2002. Deutscher Industrie- und Handelskammertag (DIHK), *Investitionen im Ausland, Ergebnisse einer DIHK-Umfrage bei den Industrie- und Handelskammern*, Frühjahr 2005.

[49] Deutsche Bundesbank, Statistische Sonderveröffentlichung 10, Kapitalverflechtung mit dem Ausland, Mai 2004, S. 16, sowie Berechnungen der ifo-Mitarbeiter Sascha O. Becker und Robert Jäckle, die direkten Zugang zu den Mikrodaten hatten.

[50] Leider sind die Zahlen über das Jahr 2001 hinaus nicht mehr vergleichbar, weil die Meldefreigrenze bei der Bilanzsumme der erworbenen Unternehmen im Jahr 2002 von 0,5 Millionen auf 3 Millionen Euro erhöht wurde, was die Zahl der erfassten Firmen innerhalb Jahresfrist um mehr als 40% gesenkt hat. Angebliche Rückgänge der Direktinvestitionen im Jahr 2002 beruhen vermutlich auch auf diesem Effekt.

[51] Vgl. D. Marin, A. Lorentowicz und A. Raubold, »Ownership, Capital and Outsourcing: What Drives German Investment to Eastern Europe?«, Department of Economics, University of Munich, Discussion paper 02-03. 2002; S. O. Becker, K.

Ekholm, R. Jäckle und M.-A. Muendler,»Location Choice and Employment Decisions: A Comparison of German and Swedish Multinationals«, *CESifo Working Paper* Nr. 1374, Januar 2005.

[52] Vgl. auch P. Bernholz,»Globalisierung und Umstrukturierung der Wirtschaft: Sind sie neu?«, Walter Adolf Jöhr-Vorlesung 2000, Forschungsgemeinschaft für Nationalökonomie (Hrsg.), Universität St. Gallen, St. Gallen 2000.

[53] Th. Fricke,»Deutscher Weltmeistertitel kommt manchem ungelegen«, *Financial Times Deutschland*, 6. April 2004, S. 18. Vgl. auch Th. Fricke,»Schöne neue Industrie«, *Financial Times Deutschland*, 20. Februar 2004, S. 26; S. Dullien und M. Schieritz,»Banker zweifeln an Basar-Ökonomie«, *Financial Times Deutschland*, 16. Juli 2004, S. 16.

[54] Übersetzung eines Zitats von E. Bartsch,»Germany: Turning into a Bazaar?«, Morgan Stanley, *Global Economic Forum*, 15. Juli 2004. Das Originalzitat lautet:»Hence, there is no reason to believe that value-added growth would consistently fall short of industrial output growth going forward.«

[55] Vgl. A. Städtler,»Mobilien-Leasing in Deutschland und Europa weiter auf Wachstumskurs«, *ifo Schnelldienst* 57, Nr. 23, 2004, S. 26–36.

[56] Siehe R. Hild,»Produktion, Wertschöpfung und Beschäftigung im verarbeitenden Gewerbe«, *ifo Schnelldienst* 57, Nr. 7, 2004, S. 19–27, und Statistisches Bundesamt, Fachserie 18: Volkswirtschaftliche Gesamtrechnungen, Reihe 2: Input-Output-Rechnung, 1995 und 2000; Statistisches Bundesamt, Fachserie 18: Volkswirtschaftliche Gesamtrechnungen, Reihe 1.3.

[57] In einer Fußnote eines Berichts des Bundesministeriums für Wirtschaft und Arbeit wird behauptet, die von mir herangezogenen Zahlen stammten einerseits aus der Wirtschaftsstatistik und andererseits aus der Volkswirtschaftlichen Gesamtrechnung, was wegen unterschiedlicher Abgrenzungen metho-

disch nicht zulässig sei. Diese Behauptung ist falsch. Alle Zahlen stammen aus der Volkswirtschaftlichen Gesamtrechnung. Vgl. B. Diekmann, M. Meurers und N. Felgentreu,»Basarökonomie Deutschland?«, Bundesministerium für Wirtschaft und Arbeit, Wirtschaftsanalysen Nr. 4, Fußnote 1.

[58] Statistisches Bundesamt, »Volkswirtschaftliche Gesamtrechnungen. Input-Output-Rechnung. Importabhängigkeit der deutschen Exporte 1991, 1995, 2000 und 2002«, Wiesbaden 2004, hier S. 4.

[59] P. Bofinger, *Wir sind besser, als wir glauben. Wohlstand für alle*, Pearson Studium, München 2004.

[60] Es handelt sich hier um eine so genannte Regressionsgerade, die formal nach der Methode der kleinsten Quadrate der senkrechten Abweichungen errechnet wurde.

[61] Wie in solchen Analysen üblich, betrachte ich hier nur reale, also preisbereinigte Größen. Die Unterscheidung ist bei marginalen, nicht aber bei durchschnittlichen Quoten wichtig. Bei durchschnittlichen Quoten fallen die nominalen und realen Werte zusammen.

[62] Zu den Exporten und Importen gehört auch Handelsware, die das Land ohne physische Veränderungen durchläuft. Importe von Vorleistungen für inländische Produktion sowie Importe von Endprodukten und Dienstleistungen für den Endverbrauch sind in dieser Rechnung nicht erfasst.

[63] Der Wert wird freilich durch einen anders begründeten Anstieg beim Import von Endprodukten noch weiter vermindert und durch andere positive Effekte, insbesondere einen Wiederaufbau von Lägern, vergrößert.

[64] Vgl. A. Rees, »Basar Ökonomie und Konjunktur«, Vortrag im ifo Institut für Wirtschaftsforschung am 29. September 2004, sowie derselbe, »Die Basarökonomie kann Arbeitsplätze retten«, *Frankfurter Allgemeine Zeitung* Nr. 147, 28. Juni 2004, S. 13.

[65] Sachverständigenrat zur Begutachtung der gesamtwirtschaftlichen Entwicklung, a.a.O., S. 359.

[66] Sachverständigenrat, a.a.O., Textziffer 467.

[67] Sachverständigenrat, a.a.O., S. 361 f.

[68] S. Dullien, »Die Welt wird zum Basar«, *Financial Times Deutschland*, Nr. 132, 9. Juli 2004, S. 26.

[69] Vgl. auch B. Diekmann, M. Meurers und N. Felgentreu, a.a.O. Die Autoren des Wirtschaftsministeriums zeigen die Daten, interpretieren sie aber erstaunlich ambivalent. Einerseits schreiben sie auf S. 9 ihres Berichts: »Gemessen am Durchschnitt der betrachteten Länder ... zeigt sich, dass die Wertschöpfungsquote in Deutschland seit 1995 überproportional zurückging und seit 2000 unter dem Schnitt (einschließlich Deutschlands, HWS) liegt.« Andererseits kommen sie an anderer Stelle zu dem gegenteiligen Schluss, dass es keinerlei Anzeichen gebe, dass die Outsourcing-Intensität in Deutschland besonders hoch sei. Ähnlich folgert die Studie der IW Consult GmbH Köln, »Export schafft Wertschöpfung!«, Endbericht, Juni 2005, http://www.chancenfueralle.de/ Umfragen_Studien/Studien/INSM-Studie_Deutschland_ist_keine_Basaroekonomie.html. Einerseits folgt aus den Tabellen der Autoren sehr deutlich, dass Deutschland eine Sonderrolle hat, andererseits wird dies in den Schlussfolgerungen verbal ins Gegenteil verkehrt.

[70] Eurostat, Datenbank (Wirtschaft und Finanzen, Direktinvestitionsbestände der EU, Aufgliederung nach Land und nach Wirtschaftszweig), Stand: August 2005. Für Großbritannien liegen keine Angaben zum Direktinvestitionsbestand in Slowenien und in der Slowakei vor. Vgl. auch H.-W. Sinn und A. Weichenrieder, »Foreign Direct Investment, Political Resentment and the Privatization Process in Eastern Europe«, *Economic Policy* 24, 1997, S. 177–210.

[71] Vgl. F. Jerosch, »Weltsprache Englisch führt vor Deutsch und Französisch«, *ifo Schnelldienst* 57, Nr. 7, 2004, S. 54.

[72] Weiterführende theoretische Erwägungen zur Frage der Wohlfahrtsgewinne durch Outsourcing sowie weiterführende

Fachliteratur findet man z.B. bei W. Kohler, »A Specific-factors View on Outsourcing«, *Economics and Finance* 12, 2001, S. 31-53, sowie derselbe, »Aspects of International Fragmentation«, *Review of International Economics* 12, 2004, S. 793-816.

73 Siehe S. O. Becker, K. Ekholm, R. Jäckle und M.-A. Muendler, a.a.O.

74 Siehe Deutscher Industrie- und Handelskammertag, a.a.O., S. 2. Der Negativsaldo zwischen den Firmen, die einen Stellenabbau und einen Stellenaufbau planen, liegt bei den im Ausland investierenden Firmen mit 14 Prozentpunkten unter dem entsprechenden Wert der Gesamtheit der deutschen Industrieunternehmen, der bei 18 Prozentpunkten liegt. Auf den ersten Blick könnte man daraus schließen, dass Auslandsinvestitionen deutscher Firmen im Inland zu einer Verminderung des Arbeitplatzabbaus führen. Dieser Schluss wäre aber schon deshalb nicht zulässig, weil zur Gesamtheit der Industrieunternehmen auch die schrumpfenden und kränkelnden Firmen gehören, die gar nicht mehr die Kraft haben, ins Ausland zu gehen. Bemerkenswert ist nicht, dass kränkelnde Firmen in Deutschland Arbeitsplätze abbauen, sondern dass expandierende Firmen im Ausland Stellen schaffen, während sie zugleich im Inland Stellen abbauen. Die Verminderung des Stellenabbaus folgt nicht aus dem Gang ins Ausland, sondern aus der Expansion an sich, die selbst wiederum den Gang ins Ausland zur Folge hat. Dass die Expansion überhaupt mit einem inländischen Stellenabbau einhergeht, ist das Problem. Im Übrigen folgt aus den Zahlen des DIHK, dass Firmen, die nicht wegen der Markterschließung, sondern aus Kostengründen ins Ausland gehen, hierzulande mehr Stellen abbauen als der Durchschnitt der deutschen Industrieunternehmen. Der Negativsaldo bei den Nennungen zur Beschäftigungsentwicklung ist bei diesen Firmen mit 27 Prozentpunkten weitaus höher als bei den deutschen Industriefirmen insgesamt.

75 Vgl. H.-W. Sinn, *Ist Deutschland noch zu retten?*, a.a.O., Kap. 2, Abschnitt:»Internationale Arbeitsteilung: von der Globalisierung profitieren« sowie H.-W. Sinn, Kolumne:»Basarökonomie Deutschland«, *Financial Times Deutschland*, 17. September 2004, S. 38.

76 Bei der preislichen Wettbewerbsfähigkeit werden allerdings nicht die Export- mit den Importpreisen, sondern die Preise aller im Inland erzeugten Waren (BIP) mit den Preisen ausländischer Waren verglichen, wobei das jeweilige Handelsvolumen mit dem Ausland als Gewichtsfaktor gilt. Wenn die jeweiligen Exportpreise dem allgemeinen Preisniveau der Länder entsprechen, verlaufen die Indizes ähnlich.

77 Bei den Berechnungen wird außerdem eine Bereinigung um Kalendereffekte vorgenommen. So entfiel zum Beispiel im Jahr 2004 eine ungewöhnlich große Zahl von Feiertagen auf das Wochenende. Die Berechnungen unterstellen ein Beschäftigungsvolumen in den Jahren 1995 und 2004, wie es unter sonst gleichen Voraussetzungen realisiert worden wäre, wenn die Zahl der Arbeitstage so groß wie im Jahr 2000 gewesen wäre, das im Hinblick auf die Zahl der auf das Wochenende entfallenden Feiertage ein Normaljahr war.

78 Vgl. Deutsche Bundesbank, Zahlungsbilanzstatistik, a.a.O., S. 20, Deutsche Bundesbank, Devisenkursstatistik, Juli 2005, S. 6, und Bureau of Economic Analysis,»US International Trade in Goods and Services, Annual Revision for 2004«, Tables from news release.

79 G. Steingart, *Deutschland: der Abstieg eines Superstars*, Piper, München 2004.

80 Vgl. Fußnote 58.

81 Sachverständigenrat, a.a.O., S. 477–482.

82 Allerdings wird die Autorin des Berichts, Liane Ritter, in der *Financial Times Deutschland* mit der Aussage zitiert:»Per saldo hat der Außenhandel einen positiven Wachstumsbeitrag geleistet.« Vgl. Ch. Karweil,»Statistikamt widerlegt Sinns

These von der Basar-Ökonomie«, *Financial Times Deutschland*, Nr. 160, 18. August 2004, S. 14.

[83] Man kann vermuten, dass die heftigen inneren Auseinandersetzungen zwischen dem Keynesianer Peter Bofinger und anderen Ratsmitgliedern, die im Januar 2005 an die Öffentlichkeit drangen, auch die Beurteilung dieser Fakten erschwert haben, so dass die Position des Rates zur Frage der deutschen Handelsgewinne letztlich unklar blieb.

[84] Ch. Karweil, »Statistikamt…«, a.a.O.

[85] B. Diekmann, M. Meurers und N. Felgentreu, a.a.O., S. 6 f.

[86] Bundesministerium der Finanzen, *Arbeitsplatzeffekte der Globalisierung*, Monatsbericht August 2004.

[87] Auch Rudolf Hickel und Peter Bofinger unterstellen mir explizit die umdefinierte Basar-Hypothese der *Financial Times Deutschland*, um dann zu schlussfolgern, diese Hypothese sei nun widerlegt worden. Siehe R. Hickel, »Deutschland ist noch zu retten«, *Frankfurter Rundschau*, Nr. 274, 23. November 2004, S. 7, und P. Bofinger, a.a.O., S. 32ff.

[88] Vgl. R. A. Brecher, »Minimum Wage Rates and the Pure Theory of International Trade«, *The Quarterly Journal of Economics* 88, 1974, S. 98–116; D. R. Davis, »Does European Unemployment Prop up American Wages? National Labor Markets and Global Trade«, *American Economic Review* 88, 1998, S. 478–494; sowie O. Landmann und M. Pflüger, »Verteilung und Außenwirtschaft: Verteilungswirkungen der Globalisierung«, in: B. Gahlen, H. Hesse und H.-J. Ramser (Hrsg.), *Verteilungsprobleme der Gegenwart. Diagnose und Therapie*, Wirtschaftswissenschaftliches Seminar Ottobeuren, Band 27, Mohr Siebeck, Tübingen 1998, S. 127–157.

[89] Vgl. H. Hofmann, »Nach dem Quotenfall: (K)ein Grund zur Beunruhigung für das Textil- und Bekleidungsgewerbe?«, *ifo Schnelldienst* 58, Nr. 4, 2005, S. 37–41.

[90] Vgl. E. von Böhm-Bawerk, *Kapital und Kapitalzins*, 2 Bände, Verlag der Wagner'schen Universitätsbuchhandlung, Inns-

bruck 1889; M. Allais, *Influence du coefficient capitalistic sur le revenue national réel par tête*, ISI-doc. 61, Tokio 1960; ders., »The Influence of the Capital Output Ratio on Real National Income«, *Econometrica* 30, 1962, S. 700 ff.; sowie E. Helmstädter, *Der Kapitalkoeffizient. Eine kapitaltheoretische Untersuchung*, Gustav Fischer, Stuttgart 1969, S. 149–169.

[91] Vgl. H.-W. Sinn, »Migration, Social Standards and Replacement Incomes. How to Protect Low-income Workers in the Industrialized Countries against the Forces of Globalization and Market Integration«, *International Tax and Public Finance* 12, 2005, S. 375–393; vgl. ferner: H.-W. Sinn, *Ist Deutschland noch zu retten?*, a.a.O., Kapitel 8.

[92] Besonders hat sich hier Gustav Horn engagiert. Anhang 3 setzt sich mit seinen Thesen explizit auseinander.

[93] Dieser Wert liegt um 0,4 Prozentpunkte unter dem oben erwähnten Wachstumseffekt von 1,5%, der sich unter Berücksichtigung des Basar-Effekts ergibt, weil die Importe nicht nur exportinduziert, sondern auch noch aus anderen Gründen anzogen.

[94] Wenn die Produktionsfaktoren in die Faktoren Arbeit und Kapital gruppiert werden, folgt die Komplementaritätseigenschaft aus einfachen Annahmen über die Mischbarkeit elementarer Produktionsprozesse. Sie ist eine fundamentale Erkenntnis der volkswirtschaftlichen Produktionstheorie, die unter anderem erklären kann, warum die deutschen Arbeitnehmer an der gewaltigen Kapitalakkumulation, die seit dem 19. Jahrhundert stattfand, haben partizipieren können. Dessen ungeachtet kann es innerhalb der Gruppen der Produktionsfaktoren, die Ökonomen zum Faktor Kapital und zum Faktor Arbeit rechnen, Substitutionsbeziehungen geben.

[95] Wäre Deutschland eine geschlossene Wirtschaft und würden die Löhne über das mit Vollbeschäftigung vereinbare Niveau getrieben, würde das Mehr an Ersparnis zu einer Zinssenkung führen, die die Investitionen ebenfalls vergrößert. So gesehen

hätte eine Lohnerhöhung dann möglicherweise statt einer Verminderung eine Erhöhung der Investitionen zur Folge. In der offenen Wirtschaft, die Deutschland nun einmal ist, wird der Zins aber vom Ausland her vorgegeben, und ein Mehr an Ersparnis überträgt sich stattdessen in eine Vergrößerung des Außenbeitrags, während überhöhte Löhne eine Senkung der Investitionen und damit ebenfalls eine Vergrößerung des Außenbeitrags zur Folge haben. Zu den Effekten für eine geschlossene Volkswirtschaft vergleiche man M. Hellwig, »The Relation between Real Wage Rates and Employment: An Intertemporal General-Equilibrium Analysis«, *German Economic Review* 5, 2004, S. 263–295. Hellwig untersucht zusätzlich die Möglichkeit, dass der in der geschlossenen Wirtschaft fallende Zins die Ersparnis verringert, und entwickelt Bedingungen, unter denen eine Lohnerhöhung Ersparnis und Kapitalakkumulation gleichwohl vergrößert. Sind diese Bedingungen erfüllt, dann reagiert die Arbeitsnachfrage der Unternehmen weniger stark negativ auf eine Lohnerhöhung, als es bei gegebenem Kapitalstock der Fall wäre.

[96] *Der Spiegel*, Nr. 44/2004.

[97] P. Bofinger, a.a.O., S. 35.

[98] Vgl. Deutsche Bundesbank, a.a.O., S. 38.

[99] H.-W. Sinn, R. Holzner, W. Meister, W. Ochel und M. Werding, »Aktivierende Sozialhilfe – Ein Weg zu mehr Beschäftigung und Wachstum«, Sonderheft, *ifo Schnelldienst* 54, Nr. 9, 2002.

[100] P. Samuelson, »Where Ricardo and Mill Rebut and Confirm Arguments of Mainstream Economists Supporting Globalization«, *Journal of Economic Perspectives* 18, S. 135–146.

[101] Avinash Dixit und Gene Grossman haben in einem Kommentar zu Samuelson darauf hingewiesen, dass die Annahme sich verschlechternder *Terms of Trade* für Amerika empirisch nicht stimmt: A. Dixit und G. Grossman, »Samuelson Says Nothing about Trade Policy«, mimeo, Princeton University 2004.

[102] G. Horn und St. Behncke, »Deutschland ist keine Basarökonomie«, *Wochenbericht*, Deutsches Institut für Wirtschaftsforschung, 71, Nr. 40, 30. September 2004, S. 588.

Gustav Horn ist mittlerweile nicht mehr am DIW beschäftigt und leitet ein neu gegründetes Gewerkschaftsinstitut.

[103] G. Horn, »Deutschland ist keine Basarökonomie«, *Handelsblatt*, Nr. 192, 4. Oktober 2004, S. 9.

[104] Ebenda.

[105] Anmerkung: Darauf und auf den Zusammenhang mit den Kapitalexporten hatte ich selbst schon in der ersten Auflage meines Buches »*Ist Deutschland noch zu retten?*«, die im Oktober 2003 erschien, hingewiesen, und zwar bevor irgendjemand zur Basar-These Stellung genommen hatte. Außerdem habe ich natürlich nie gesagt, der Leistungsbilanzsaldo bilde »einzig« Kapitalabflüsse ab. Er bildet vielerlei ab; nur ist er definitorisch mit dem Kapitalexport identisch.

[106] S. Büning, »Berliner Institut kritisiert Ifo-Chef im Streit um Jobverlagerungen«, *Financial Times Deutschland*, Nr. 191, 30. September 2004, S. 16.

[107] Vgl. St. P. Magee, »Currency Contracts, Pass-through and Devaluation«, *Brookings Papers on Economic Activity*, Nr. 1, 1973, S. 303–325; R. Dornbusch, »Exchange Rates and Prices«, *American Economic Review* 77, 1987, S. 93–106; K. Rose und K. Sauernheimer, *Theorie der Außenwirtschaft*, 12., überarbeitete Auflage, Vahlen, München 1995, S. 83 ff.

# Stichwort-, Firmen- und Namensverzeichnis

»Eines der wichtigsten Wirtschaftsbücher
der vergangenen Jahre«
*Süddeutsche Zeitung*

»Deutschland braucht Aufbruch-
stimmung. In einer Zeit, in der
über das Ob und Wie von
Reformen heftig gestritten wird,
liegt Professor Sinn mit seinem
Buch goldrichtig. Mit seiner
messerscharfen Analyse des
Krisenbefunds und einer klaren
Handlungsanleitung gibt er den
Weg vor. Pflichtlektüre.«
*Heinrich von Pierer, Aufsichts-*
*ratsvorsitzender der Siemens AG*

»Endlich mal ein Wirtschafts-
wissenschaftler, der Tacheles
redet. Dieses Buch gehört auf
den Schreibtisch aller Mitglieder
des Bundeskabinetts und
aller Mitglieder des
deutschen Bundestages.«
*Hans-Olaf Henkel, Präsident*
*Wissenschaftsgemeinschaft*
*Gottfried Wilhelm Leibniz*

**Ist Deutschland noch zu retten?**
Komplett aktualisierte Ausgabe
im Ullstein-Taschenbuch
ISBN-13: 978-3-548-36711-8
ISBN-10: 3-548-36711-9

 ULLSTEIN